中国共产党第十九届中央委员会
第六次全体会议文件汇编

DOCUMENTS OF THE SIXTH PLENARY SESSION OF THE 19TH CENTRAL COMMITTEE OF THE COMMUNIST PARTY OF CHINA

中央编译出版社 Central Compilation & Translation Press
外文出版社 FOREIGN LANGUAGES PRESS

目　　录

CONTENTS

中国共产党第十九届中央委员会第六次全体会议公报

（2021 年 11 月 11 日中国共产党第十九届中央委员会第六次全体会议通过）

中国共产党第十九届中央委员会第六次全体会议，于 2021 年 11 月 8 日至 11 日在北京举行。

出席这次全会的有，中央委员 197 人，候补中央委员 151 人。中央纪律检查委员会常务委员会委员和有关方面负责同志列席会议。党的十九大代表中部分基层同志和专家学者也列席会议。

全会由中央政治局主持。中央委员会总书记习近平作了重要讲话。

全会听取和讨论了习近平受中央政治局委托作

的工作报告，审议通过了《中共中央关于党的百年奋斗重大成就和历史经验的决议》，审议通过了《关于召开党的第二十次全国代表大会的决议》。习近平就《中共中央关于党的百年奋斗重大成就和历史经验的决议（讨论稿）》向全会作了说明。

全会充分肯定党的十九届五中全会以来中央政治局的工作。一致认为，一年来，世界百年未有之大变局和新冠肺炎疫情全球大流行交织影响，外部环境更趋复杂严峻，国内新冠肺炎疫情防控和经济社会发展各项任务极为繁重艰巨。中央政治局高举中国特色社会主义伟大旗帜，坚持以马克思列宁主义、毛泽东思想、邓小平理论、“三个代表”重要思想、科学发展观、习近平新时代中国特色社会主义思想为指导，全面贯彻党的十九大和十九届二中、三中、四中、五中全会精神，统筹国内国际两个大局，统筹疫情防控和经济社会发展，统筹发展和安全，坚持稳中求进工作总基调，全面贯彻新发展理念，加快构建新发展格局，经济保持较好发展态势，科技自立自强积极推进，改革开放不断深化，脱贫攻坚战如期打赢，民生保障有效改善，社会大局保持稳定，国防和军队现代化扎实推进，中国特色大国外交全面推进，党史学习教育扎实有效，战胜多种严重自然灾害，党和国家各项事业取得了新的重大成就。成功举办庆祝中国共产党成立100周年系列活动，中共中央总书记习近平发表重要讲话，正式宣布全面建成小康社会，激励全党全国各族人民意气风发踏上向第二个百年奋斗目标进军的新征程。

全会认为，总结党的百年奋斗重大成就和历史经验，是在建党百年历史条件下开启全面建设社会主义现代化国家新征程、在新时代坚持和发展中国特色社会主义的需要；是增强政治意识、大局意识、核心意识、看齐意识，坚定道路自信、理论自信、制度自信、文化自信，做到坚决维护习近平同志党中央的核心、全党的核心地位，坚决维护党中央权威和集中统一领导，确保全党步调一致向前进的需要；是推进党的自我革命、提高全党斗争本领和应对风险挑战能力、永葆党的生机活力、团结带领全国各族人民为实现中华民族伟大复兴的中国梦而继续奋斗的需要。全党要坚持唯物史观和正确党史观，从党的百年奋斗中看清楚过去我们为什么能够成功、弄明白未来我们怎样才能继续成功，从而更加坚定、更加自觉地践行初心使命，在新时代更好坚持和发展中国特色社会主义。

全会提出，中国共产党自一九二一年成立以来，始终把为中国人民谋幸福、为中华民族谋复兴作为自己的初心使命，始终坚持共产主义理想和社会主义信念，团结带领全国各族人民为争取民族独立、人民解放和实现国家富强、人民幸福而不懈奋斗，已经走过一百年光辉历程。党和人民百年奋斗，书写了中华民族几千年历史上最恢宏的史诗。

全会提出，新民主主义革命时期，党面临的主要任务是，反对帝国主义、封建主义、官僚资本主义，争取民族独立、人民解放，为实现中华民族伟大复兴创造根本社会条件。在革命斗争中，以毛泽东同志为主要代表的中国共产党人，把马克思列宁主义基本原理同中国具体实际相结合，对经过艰苦探索、付出巨大牺牲积累的一系列独创性经验作了理论概括，开辟了农村包围城市、武装夺取政权的正确革命道路，创立了毛泽东思想，为夺取新民主主义革命胜利指明了正确方向。党领导人民浴血奋战、百折不挠，创造了新民主主义革命的伟大成就，成立中华人民共和国，实现民族独立、人民解放，彻底结束了旧中国半殖民地半封建社会的历史，彻底结束了极少数剥削者统治广大劳动人民的历史，彻底结束了旧中国一盘散沙的局面，彻底废除了列强强加给中国的不平等条约和帝国主义在中国的一切特权，实现了中国从几千年封建专制政治向人民民主的伟大飞跃，也极大改变了世界政治格局，鼓舞了全世界被压迫民族和被压迫人民争取解放的斗争。中国共产党和中国人民以英勇顽强的奋斗向世界庄严宣告，中国人民从此站起来了，中华民族任人宰割、饱受欺凌的时代一去不复返了，中国发展从此开启了新纪元。

全会提出，社会主义革命和建设时期，党面临的主要任务是，实现从新民主主义到社会主义的转变，进行社会主义革命，推进社会主义建设，为实现中华民族伟大复兴奠定根本政治前提和制度基础。在这个时期，以毛泽东同志为主要代表的中国共产党人提出关于社会主义建设的一系列重要思想。毛泽东思想是马克思列宁主义在中国的创造性运用和发展，是被实践证明了的关于中国革命和建设的正确的理论原则和经验总结，是马克思主义中国化的第一次历史性飞跃。党领导人民自力更生、发愤图强，创造了社会主义革命和建设的伟大成就，实现了中华民族有史以来最为广泛而深刻的社会变革，实现了一穷二白、人口众多的东方大国大步迈进社会主义社会的伟大飞跃。我国建立起独立的比较完整的工业体系和国民经济体系，农业生产条件显著改变，教育、科学、文化、卫生、体育事业有很大发展，人民解放军得到壮大和提高，彻底结束了旧中国的屈辱外交。中国共产党和中国人民以英勇顽强的奋斗向世界庄严宣告，中国人民不但善于破坏一个旧世界、也善于建设一个新世界，只有社会主义才能救中国，只有社会主义才能发展中国。

全会提出，改革开放和社会主义现代化建设新时期，党面临的主要任务是，继续探索中国建设社会主义的正确道路，解放和发展社会生产力，使人民摆脱贫困、尽快富裕起来，为实现中华民族伟大复兴提供充满新的活力的体制保证和快速发展的物质条件。党的十一届三中全会以后，以邓小平同志为主要代表的中国共产党人，团结带领全党全国各族人民，深刻总结新中国成立以来正反两方面经验，围绕什么是社会主义、怎样建设社会主义这一根本问题，借鉴世界社会主义历史经验，创立了邓小平理论，解放思想，实事求是，作出把党和国家工作中心转移到经济建设上来、实行改革开放的历史性决策，深刻揭示社会主义本质，确立社会主义初级阶段基本路线，明确提出走自己的路、建设中国特色社会主义，科学回答了建设中国特色社会主义的一系列基本问题，制定了到二十一世纪中叶分三步走、基本实现社会主义现代化的发展战略，成功开创了中国特色社会主义。

全会提出，党的十三届四中全会以后，以江泽民同志为主要代表的中国共产党人，团结带领全党全国各族人民，坚持党的基本理论、基本路线，加深了对什么是社会主义、怎样建设社会主义和建设什么样的党、怎样建设党的认识，形成了“三个代表”重要思想，在国内外形势十分复杂、世界社会主义出现严重曲折的严峻考验面前捍卫了中国特色社会主义，确立了社会主义市场经济体制的改革目标和基本框架，确立了社会主义初级阶段公有制为主体、多种所有制经济共同发展的基本经济制度和按劳分配为主体、多种分配方式并存的分配制度，开创全面改革开放新局面，推进党的建设新的伟大工程，成功把中国特色社会主义推向二十一世纪。

全会提出，党的十六大以后，以胡锦涛同志为主要代表的中国共产党人，团结带领全党全国各族人民，在全面建设小康社会进程中推进实践创新、理论创新、制度创新，深刻认识和回答了新形势下实现什么样的发展、怎样发展等重大问题，形成了科学发展观，抓住重要战略机遇期，聚精会神搞建设，一心一意谋发展，强调坚持以人为本、全面协调可持续发展，着力保障和改善民生，促进社会公平正义，推进党的执政能力建设和先进性建设，成功在新形势下坚持和发展了中国特色社会主义。

全会强调，在这个时期，党从新的实践和时代特征出发坚持和发展马克思主义，科学回答了建设中国特色社会主义的发展道路、发展阶段、根本任务、发展动力、发展战略、政治保证、祖国统一、外交和国际战略、领导力量和依靠力量等一系列基本问题，形成中国特色社会主义理论体系，实现了马克思主义中国化新的飞跃。党领导人民解放思想、锐意进取，创造了改革开放和社会主义现代化建设的伟大成就，我国实现了从高度集中的计划经济体制到充满活力的社会主义市场经济体制、从封闭半封闭到全方位开放的历史性转变，实现了从生产力相对落后的状况到经济总量跃居世界第二的历史性突破，实现了人民生活从温饱不足到总体小康、奔向全面小康的历史性跨越，推进了中华民族从站起来到富起来的伟大飞跃。中国共产党和中国人民以英勇顽强的奋斗向世界庄严宣告，改革开放是决定当代中国前途命运的关键一招，中国特色社会主义道路是指引中国发展繁荣的正确道路，中国大踏步赶上了时代。

全会提出，党的十八大以来，中国特色社会主义进入新时代。党面临的主要任务是，实现第一个百年奋斗目标，开启实现第二个百年奋斗目标新征程，朝着实现中华民族伟大复兴的宏伟目标继续前进。党领导人民自信自强、守正创新，创造了新时代中国特色社会主义的伟大成就。

全会强调，以习近平同志为主要代表的中国共产党人，坚持把马克思主义基本原理同中国具体实际相结合、同中华优秀传统文化相结合，坚持毛泽东思想、邓小平理论、“三个代表”重要思想、科学发展观，深刻总结并充分运用党成立以来的历史经验，从新的实际出发，创立了习近平新时代中国特色社会主义思想。习近平同志对关系新时代党和国家事业发展的一系列重大理论和实践问题进行了深邃思考和科学判断，就新时代坚持和发展什么样的中国特色社会主义、怎样坚持和发展中国特色社会主义，建设什么样的社会主义现代化强国、怎样建设社会主义现代化强国，建设什么样的长期执政的马克思主义政党、怎样建设长期执政的马克思主义政党等重大时代课题，提出一系列原创性的治国理政新理念新思想新战略，是习近平新时代中国特色社会主义思想的主要创立者。习近平新时代中国特色社会主义思想是当代中国马克思主义、二十一世纪马克思主义，是中华文化和中国精神的时代精华，实现了马克思主义中国化新的飞跃。党确立习近平同志党中央的核心、全党的核心地位，确立习近平新时代中国特色社会主义思想的指导地位，反映了全党全军全国各族人民共同心愿，对新时代党和国家事业发展、对推进中华民族伟大复兴历史进程具有决定性意义。

全会指出，以习近平同志为核心的党中央，以伟大的历史主动精神、巨大的政治勇气、强烈的责任担当，统筹国内国际两个大局，贯彻党的基本理论、基本路线、基本方略，统揽伟大斗争、伟大工程、伟大事业、伟大梦想，坚持稳中求进工作总基调，出台一系列重大方针政策，推出一系列重大举措，推进一系列重大工作，战胜一系列重大风险挑战，解决了许多长期想解决而没有解决的难题，办成了许多过去想办而没有办成的大事，推动党和国家事业取得历史性成就、发生历史性变革。

全会强调，党的十八大以来，在坚持党的全面领导上，党中央权威和集中统一领导得到有力保证，党的领导制度体系不断完善，党的领导方式更加科学，全党思想上更加统一、政治上更加团结、行动上更加一致，党的政治领导力、思想引领力、群众组织力、社会号召力显著增强。在全面从严治党上，党的自我净化、自我完善、自我革新、自我提高能力显著增强，管党治党宽松软状况得到根本扭转，反腐败斗争取得压倒性胜利并全面巩固，党在革命性锻造中更加坚强。在经济建设上，我国经济发展平衡性、协调性、可持续性明显增强，国家经济实力、科技实力、综合国力跃上新台阶，我国经济迈上更高质量、更有效率、更加公平、更可持续、更为安全的发展之路。在全面深化改革开放上，党不断推动全面深化改革向广度和深度进军，中国特色社会主义制度更加成熟更加定型，国家治理体系和治理能力现代化水平不断提高，党和国家事业焕发出新的生机活力。在政治建设上，积极发展全过程人民民主，我国社会主义民主政治制度化、规范化、程序化全面推进，中国特色社会主义政治制度优越性得到更好发挥，生动活泼、安定团结的政治局面得到巩固和发展。在全面依法治国上，中国特色社会主义法治体系不断健全，法治中国建设迈出坚实步伐，党运用法治方式领导和治理国家的能力显著增强。在文化建设上，我国意识形态领域形势发生全局性、根本性转变，全党全国各族人民文化自信明显增强，全社会凝聚力和向心力极大提升，为新时代开创党和国家事业新局面提供了坚强思想保证和强大精神力量。在社会建设上，人民生活全方位改善，社会治理社会化、法治化、智能化、专业化水平大幅度提升，发展了人民安居乐业、社会安定有序的良好局面，续写了社会长期稳定奇迹。在生态文明建设上，党中央以前所未有的力度抓生态文明建设，美丽中国建设迈出重大步伐，我国生态环境保护发生历史性、转折性、全局性变化。在国防和军队建设上，人民军队实现整体性革命性重塑、重整行装再出发，国防实力和经济实力同步提升，人民军队坚决履行新时代使命任务，以顽强斗争精神和实际行动捍卫了国家主权、安全、发展利益。在维护国家安全上，国家安全得到全面加强，经受住了来自政治、经济、意识形态、自然界等方面的风险挑战考验，为党和国家兴旺发达、长治久安提供了有力保证。在坚持“一国两制”和推进祖国统一上，党中央采取一系列标本兼治的举措，坚定落实“爱国者治港”、“爱国者治澳”，推动香港局势实现由乱到治的重大转折，为推进依法治港治澳、促进“一国两制”实践行稳致远打下了坚实基础；坚持一个中国原则和“九二共识”，坚决反对“台独”分裂行径，坚决反对外部势力干涉，牢牢把握两岸关系主导权和主动权。在外交工作上，中国特色大国外交全面推进，构建人类命运共同体成为引领时代潮流和人类前进方向的鲜明旗帜，我国外交在世界大变局中开创新局、在世界乱局中化危为机，我国国际影响力、感召力、塑造力显著提升。中国共产党和中国人民以英勇顽强的奋斗向世界庄严宣告，中华民族迎来了从站起来、富起来到强起来的伟大飞跃。

全会指出了中国共产党百年奋斗的历史意义：党的百年奋斗从根本上改变了中国人民的前途命运，中国人民彻底摆脱了被欺负、被压迫、被奴役的命运，成为国家、社会和自己命运的主人，中国人民对美好生活的向往不断变为现实；党的百年奋斗开辟了实现中华民族伟大复兴的正确道路，中国仅用几十年时间就走完发达国家几百年走过的工业化历程，创造了经济快速发展和社会长期稳定两大奇迹；党的百年奋斗展示了马克思主义的强大生命力，马克思主义的科学性和真理性在中国得到充分检验，马克思主义的人民性和实践性在中国得到充分贯彻，马克思主义的开放性和时代性在中国得到充分彰显；党的百年奋斗深刻影响了世界历史进程，党领导人民成功走出中国式现代化道路，创造了人类文明新形态，拓展了发展中国家走向现代化的途径；党的百年奋斗锻造了走在时代前列的中国共产党，形成了以伟大建党精神为源头的精神谱系，保持了党的先进性和纯洁性，党的执政能力和领导水平不断提高，中国共产党无愧为伟大光荣正确的党。

全会提出，一百年来，党领导人民进行伟大奋斗，积累了宝贵的历史经验，这就是：坚持党的领导，坚持人民至上，坚持理论创新，坚持独立自主，坚持中国道路，坚持胸怀天下，坚持开拓创新，坚持敢于斗争，坚持统一战线，坚持自我革命。以上十个方面，是经过长期实践积累的宝贵经验，是党和人民共同创造的精神财富，必须倍加珍惜、长期坚持，并在新时代实践中不断丰富和发展。

全会提出，不忘初心，方得始终。中国共产党立志于中华民族千秋伟业，百年恰是风华正茂。过去一百年，党向人民、向历史交出了一份优异的答卷。现在，党团结带领中国人民又踏上了实现第二个百年奋斗目标新的赶考之路。全党要牢记中国共产党是什么、要干什么这个根本问题，把握历史发展大势，坚定理想信念，牢记初心使命，始终谦虚谨慎、不骄不躁、艰苦奋斗，不为任何风险所惧，不为任何干扰所惑，决不在根本性问题上出现颠覆性错误，以咬定青山不放松的执着奋力实现既定目标，以行百里者半九十的清醒不懈推进中华民族伟大复兴。

全会强调，全党必须坚持马克思列宁主义、毛泽东思想、邓小平理论、“三个代表”重要思想、科学发展观，全面贯彻习近平新时代中国特色社会主义思想，用马克思主义的立场、观点、方法观察时代、把握时代、引领时代，不断深化对共产党执政规律、社会主义建设规律、人类社会发展规律的认识。必须坚持党的基本理论、基本路线、基本方略，增强“四个意识”，坚定“四个自信”，做到“两个维护”，坚持系统观念，统筹推进“五位一体”总体布局，协调推进“四个全面”战略布局，立足新发展阶段、贯彻新发展理念、构建新发展格局、推动高质量发展，全面深化改革开放，促进共同富裕，推进科技自立自强，发展全过程人民民主，保证人民当家作主，坚持全面依法治国，坚持社会主义核心价值体系，坚持在发展中保障和改善民生，坚持人与自然和谐共生，统筹发展和安全，加快国防和军队现代化，协同推进人民富裕、国家强盛、中国美丽。

全会强调，全党必须永远保持同人民群众的血肉联系，践行以人民为中心的发展思想，不断实现好、维护好、发展好最广大人民根本利益，团结带领全国各族人民不断为美好生活而奋斗。全党必须铭记生于忧患、死于安乐，常怀远虑、居安思危，继续推进新时代党的建设新的伟大工程，坚持全面从严治党，坚定不移推进党风廉政建设和反腐败斗争，做到难不住、压不垮，推动中国特色社会主义事业航船劈波斩浪、一往无前。

全会决定，中国共产党第二十次全国代表大会于 2022 年下半年在北京召开。全会认为，党的二十大是我们党进入全面建设社会主义现代化国家、向第二个百年奋斗目标进军新征程的重要时刻召开的一次十分重要的代表大会，是党和国家政治生活中的一件大事。全党要团结带领全国各族人民攻坚克难、开拓奋进，为全面建设社会主义现代化国家、夺取新时代中国特色社会主义伟大胜利、实现中华民族伟大复兴的中国梦作出新的更大贡献，以优异成绩迎接党的二十大召开。

党中央号召，全党全军全国各族人民要更加紧密地团结在以习近平同志为核心的党中央周围，全面贯彻习近平新时代中国特色社会主义思想，大力弘扬伟大建党精神，勿忘昨天的苦难辉煌，无愧今天的使命担当，不负明天的伟大梦想，以史为鉴、开创未来，埋头苦干、勇毅前行，为实现第二个百年奋斗目标、实现中华民族伟大复兴的中国梦而不懈奋斗。我们坚信，在过去一百年赢得了伟大胜利和荣光的中国共产党和中国人民，必将在新时代新征程上赢得更加伟大的胜利和荣光！

中 共 中 央
关于党的百年奋斗重大成就和历史经验的决议

（2021 年 11 月 11 日中国共产党第十九届
中央委员会第六次全体会议通过）

序　　言

中国共产党自一九二一年成立以来，始终把为中国人民谋幸福、为中华民族谋复兴作为自己的初心使命，始终坚持共产主义理想和社会主义信念，团结带领全国各族人民为争取民族独立、人民解放和实现国家富强、人民幸福而不懈奋斗，已经走过一百年光辉历程。

一百年来，党领导人民浴血奋战、百折不挠，创造了新民主主义革命的伟大成就；自力更生、发愤图强，创造了社会主义革命和建设的伟大成就；解放思想、锐意进取，创造了改革开放和社会主义现代化建设的伟大成就；自信自强、守正创新，创造了新时代中国特色社会主义的伟大成就。党和人民百年奋斗，书写了中华民族几千年历史上最恢宏的史诗。

总结党的百年奋斗重大成就和历史经验，是在建党百年历史条件下开启全面建设社会主义现代化国家新征程、在新时代坚持和发展中国特色社会主义的需要；是增强政治意识、大局意识、核心意识、看齐意识，坚定道路自信、理论自信、制度自信、文化自信，做到坚决维护习近平同志党中央的核心、全党的核心地位，坚决维护党中央权威和集中统一领导，确保全党步调一致向前进的需要；是推进党的自我革命、提高全党斗争本领和应对风险挑战能力、永葆党的生机活力、团结带领全国各族人民为实现中华民族伟大复兴的中国梦而继续奋斗的需要。全党要坚持唯物史观和正确党史观，从党的百年奋斗中看清楚过去我们为什么能够成功、弄明白未来我们怎样才能继续成功，从而更加坚定、更加自觉地践行初心使命，在新时代更好坚持和发展中国特色社会主义。

一九四五年党的六届七中全会通过的《关于若干历史问题的决议》、一九八一年党的十一届六中全会通过的《关于建国以来党的若干历史问题的决议》，实事求是总结党的重大历史事件和重要经验教训，在重大历史关头统一了全党思想和行动，对推进党和人民事业发挥了重要引领作用，其基本论述和结论至今仍然适用。

一、夺取新民主主义革命伟大胜利

新民主主义革命时期，党面临的主要任务是，反对帝国主义、封建主义、官僚资本主义，争取民族独立、人民解放，为实现中华民族伟大复兴创造根本社会条件。

中华民族是世界上古老而伟大的民族，创造了绵延五千多年的灿烂文明，为人类文明进步作出了不可磨灭的贡献。一八四〇年鸦片战争以后，由于西方列强入侵和封建统治腐败，中国逐步成为半殖民地半封建社会，国家蒙辱、人民蒙难、文明蒙尘，中华民族遭受了前所未有的劫难。为了拯救民族危亡，中国人民奋起反抗，仁人志士奔走呐喊，进行了可歌可泣的斗争。太平天国运动、洋务运动、戊戌变法、义和团运动接连而起，各种救国方案轮番出台，但都以失败告终。孙中山先生领导的辛亥革命推翻了统治中国几千年的君主专制制度，但未能改变中国半殖民地半封建的社会性质和中国人民的悲惨命运。中国迫切需要新的思想引领救亡运动，迫切需要新的组织凝聚革命力量。

十月革命一声炮响，给中国送来了马克思列宁主义。五四运动促进了马克思主义在中国的传播。在中国人民和中华民族的伟大觉醒中，在马克思列宁主义同中国工人运动的紧密结合中，一九二一年七月中国共产党应运而生。中国产生了共产党，这是开天辟地的大事变，中国革命的面貌从此焕然一新。

党深刻认识到，近代中国社会主要矛盾是帝国主义和中华民族的矛盾、封建主义和人民大众的矛盾。实现中华民族伟大复兴，必须进行反帝反封建斗争。

建党之初和大革命时期，党制定民主革命纲领，发动工人运动、青年运动、农民运动、妇女运动，推进并帮助国民党改组和国民革命军建立，领导全国反帝反封建伟大斗争，掀起大革命高潮。一九二七年国民党内反动集团叛变革命，残酷屠杀共产党人和革命人民，由于党内以陈独秀为代表的右倾思想发展为右倾机会主义错误并在党的领导机关中占了统治地位，党和人民不能组织有效抵抗，致使大革命在强大的敌人突然袭击下遭到惨重失败。

土地革命战争时期，党从残酷的现实中认识到，没有革命的武装就无法战胜武装的反革命，就无法夺取中国革命胜利，就无法改变中国人民和中华民族的命运，必须以武装的革命反对武装的反革命。南昌起义打响武装反抗国民党反动派的第一枪，标志着中国共产党独立领导革命战争、创建人民军队和武装夺取政权的开端。八七会议确定实行土地革命和武装起义的方针。党领导举行秋收起义、广州起义和其他许多地区起义，但由于敌我力量悬殊，这些起义大多数失败了。事实证明，在当时的客观条件下，中国共产党人不可能像俄国十月革命那样通过首先占领中心城市来取得革命在全国的胜利，党迫切需要找到适合中国国情的革命道路。

从进攻大城市转为向农村进军，是中国革命具有决定意义的新起点。毛泽东同志领导军民在井冈山建立第一个农村革命根据地，党领导人民打土豪、分田地。古田会议确立思想建党、政治建军原则。随着斗争发展，党创建了中央革命根据地和湘鄂西、海陆丰、鄂豫皖、琼崖、闽浙赣、湘鄂赣、湘赣、左右江、川陕、陕甘、湘鄂川黔等根据地。党在国民党统治下的白区也发展了党和其他革命组织，开展了群众革命斗争。然而，由于王明“左”倾教条主义在党内的错误领导，中央革命根据地第五次反“围剿”失败，红军不得不进行战略转移，经过艰苦卓绝的长征转战到陕北。“左”倾路线的错误给革命根据地和白区革命力量造成极大损失。

一九三五年一月，中央政治局在长征途中举行遵义会议，事实上确立了毛泽东同志在党中央和红军的领导地位，开始确立以毛泽东同志为主要代表的马克思主义正确路线在党中央的领导地位，开始形成以毛泽东同志为核心的党的第一代中央领导集体，开启了党独立自主解决中国革命实际问题新阶段，在最危急关头挽救了党、挽救了红军、挽救了中国革命，并且在这以后使党能够战胜张国焘的分裂主义，胜利完成长征，打开中国革命新局面。这在党的历史上是一个生死攸关的转折点。

抗日战争时期，九一八事变后，中日民族矛盾逐渐超越国内阶级矛盾上升为主要矛盾。在日本帝国主义加紧侵略我国、民族危机空前严重的关头，党率先高举武装抗日旗帜，广泛开展抗日救亡运动，促成西安事变和平解决，对推动国共再次合作、团结抗日起了重大历史作用。七七事变后，党实行正确的抗日民族统一战线政策，坚持全面抗战路线，提出和实施持久战的战略总方针和一整套人民战争的战略战术，开辟广大敌后战场和抗日根据地，领导八路军、新四军、东北抗日联军和其他人民抗日武装英勇作战，成为全民族抗战的中流砥柱，直到取得中国人民抗日战争最后胜利。这是近代以来中国人民反抗外敌入侵第一次取得完全胜利的民族解放斗争，也是世界反法西斯战争胜利的重要组成部分。

解放战争时期，面对国民党反动派悍然发动的全面内战，党领导广大军民逐步由积极防御转向战略进攻，打赢辽沈、淮海、平津三大战役和渡江战役，向中南、西北、西南胜利进军，消灭国民党反动派八百万军队，推翻国民党反动政府，推翻帝国主义、封建主义、官僚资本主义三座大山。党领导的人民军队在人民支持下，以一往无前的英雄气概同穷凶极恶的敌人进行殊死斗争，为夺取新民主主义革命胜利建立了历史功勋。

在革命斗争中，以毛泽东同志为主要代表的中国共产党人，把马克思列宁主义基本原理同中国具体实际相结合，对经过艰苦探索、付出巨大牺牲积累的一系列独创性经验作了理论概括，开辟了农村包围城市、武装夺取政权的正确革命道路，创立了毛泽东思想，为夺取新民主主义革命胜利指明了正确方向。

在革命斗争中，党弘扬坚持真理、坚守理想，践行初心、担当使命，不怕牺牲、英勇斗争，对党忠诚、不负人民的伟大建党精神，实施和推进党的建设伟大工程，提出着重从思想上建党的原则，坚持民主集中制，坚持理论联系实际、密切联系群众、批评和自我批评三大优良作风，形成统一战线、武装斗争、党的建设三大法宝，努力建设全国范围的、广大群众性的、思想上政治上组织上完全巩固的马克思主义政党。党从一九四二年开始在全党进行整风，这场马克思主义思想教育运动收到巨大成效。党制定《关于若干历史问题的决议》，使全党对中国革命基本问题的认识达到一致。党的七大为建立新民主主义的新中国制定了正确路线方针政策，使全党在思想上政治上组织上达到空前统一和团结。

经过二十八年浴血奋斗，党领导人民，在各民主党派和无党派民主人士积极合作下，于一九四九年十月一日宣告成立中华人民共和国，实现民族独立、人民解放，彻底结束了旧中国半殖民地半封建社会的历史，彻底结束了极少数剥削者统治广大劳动人民的历史，彻底结束了旧中国一盘散沙的局面，彻底废除了列强强加给中国的不平等条约和帝国主义在中国的一切特权，实现了中国从几千年封建专制政治向人民民主的伟大飞跃，也极大改变了世界政治格局，鼓舞了全世界被压迫民族和被压迫人民争取解放的斗争。

实践充分说明，历史和人民选择了中国共产党，没有中国共产党领导，民族独立、人民解放是不可能实现的。中国共产党和中国人民以英勇顽强的奋斗向世界庄严宣告，中国人民从此站起来了，中华民族任人宰割、饱受欺凌的时代一去不复返了，中国发展从此开启了新纪元。

二、完成社会主义革命和推进社会主义建设

社会主义革命和建设时期，党面临的主要任务是，实现从新民主主义到社会主义的转变，进行社会主义革命，推进社会主义建设，为实现中华民族伟大复兴奠定根本政治前提和制度基础。

新中国成立后，党领导人民战胜政治、经济、军事等方面一系列严峻挑战，肃清国民党反动派残

余武装力量和土匪，和平解放西藏，实现祖国大陆完全统一；稳定物价，统一财经工作，完成土地改革，进行社会各方面民主改革，实行男女权利平等，镇压反革命，开展“三反”、“五反”运动，荡涤旧社会留下的污泥浊水，社会面貌焕然一新。中国人民志愿军雄赳赳、气昂昂跨过鸭绿江，同朝鲜人民和军队并肩战斗，战胜武装到牙齿的强敌，打出了国威军威，打出了中国人民的精气神，赢得抗美援朝战争伟大胜利，捍卫了新中国安全，彰显了新中国大国地位。新中国在错综复杂的国内国际环境中站稳了脚跟。

党领导建立和巩固工人阶级领导的、以工农联盟为基础的人民民主专政的国家政权，为国家迅速发展创造了条件。一九四九年，中国人民政治协商会议第一届全体会议制定《中国人民政治协商会议共同纲领》。一九五三年，党正式提出过渡时期的总路线，即在一个相当长的时期内，逐步实现国家的社会主义工业化，并逐步实现国家对农业、手工业和资本主义工商业的社会主义改造。一九五四年，召开第一届全国人民代表大会第一次会议，通过了

《中华人民共和国宪法》。一九五六年，我国基本上完成对生产资料私有制的社会主义改造，基本上实现生产资料公有制和按劳分配，建立起社会主义经济制度。党领导确立人民代表大会制度、中国共产党领导的多党合作和政治协商制度、民族区域自治制度，为人民当家作主提供了制度保证。党领导实现和巩固了全国各族人民的大团结，形成和发展各民族平等互助的社会主义民族关系，实现和巩固全国工人、农民、知识分子和其他各阶层人民的大团结，加强和扩大了广泛统一战线。社会主义制度的建立，为我国一切进步和发展奠定了重要基础。

党的八大根据我国社会主义改造基本完成后的形势，提出国内主要矛盾已经不再是工人阶级和资产阶级的矛盾，而是人民对于经济文化迅速发展的需要同当前经济文化不能满足人民需要的状况之间的矛盾，全国人民的主要任务是集中力量发展社会生产力，实现国家工业化，逐步满足人民日益增长的物质和文化需要。党提出努力把我国逐步建设成为一个具有现代农业、现代工业、现代国防和现代科学技术的社会主义强国，领导人民开展全面的大规模的社会主义建设。经过实施几个五年计划，我国建立起独立的比较完整的工业体系和国民经济体系，农业生产条件显著改变，教育、科学、文化、卫生、体育事业有很大发展。“两弹一星”等国防尖端科技不断取得突破，国防工业从无到有逐步发展起来。人民解放军得到壮大和提高，由单一的陆军发展成为包括海军、空军和其他技术兵种在内的合成军队，为巩固新生人民政权、确立中国大国地位、维护中华民族尊严提供了坚强后盾。

党坚持独立自主的和平外交政策，倡导和坚持和平共处五项原则，坚定维护国家独立、主权、尊严，支持和援助世界被压迫民族解放事业、新独立国家建设事业和各国人民正义斗争，反对帝国主义、霸权主义、殖民主义、种族主义，彻底结束了旧中国的屈辱外交。党审时度势调整外交战略，推动恢复我国在联合国的一切合法权利，打开对外工作新局面，推动形成国际社会坚持一个中国原则的格局。党提出划分三个世界的战略，作出中国永远不称霸的庄严承诺，赢得国际社会特别是广大发展中国家尊重和赞誉。

党充分预见到在全国执政面临的新挑战，早在解放战争取得全国胜利前夕召开的党的七届二中全会就向全党提出，务必继续保持谦虚、谨慎、不骄、不躁的作风，务必继续保持艰苦奋斗的作风。新中国成立后，党着重提出执政条件下党的建设的重大课题，从思想上组织上作风上加强党的建设、巩固党的领导。党加强干部理论学习和知识培训，提高党的领导水平，要求全党特别是党的高级干部增强维护党的团结统一的自觉性。党开展整风整党，加强党内教育，整顿基层党组织，提高党员条件，反对官僚主义、命令主义和贪污浪费。党高度警惕并着力防范党员干部腐化变质，坚决惩治腐败。这些重要举措，增强了党的纯洁性和全党的团结，密切了党同人民群众的联系，积累了执政党建设的初步经验。

在这个时期，毛泽东同志提出把马克思列宁主义基本原理同中国具体实际进行“第二次结合”，以毛泽东同志为主要代表的中国共产党人，结合新的实际丰富和发展毛泽东思想，提出关于社会主义建设的一系列重要思想，包括社会主义社会是一个很长的历史阶段，严格区分和正确处理敌我矛盾和人民内部矛盾，正确处理我国社会主义建设的十大关系，走出一条适合我国国情的工业化道路，尊重价值规律，在党与民主党派的关系上实行“长期共存、互相监督”的方针，在科学文化工作中实行“百花齐放、百家争鸣”的方针等。这些独创性理论成果至今仍有重要指导意义。

毛泽东思想是马克思列宁主义在中国的创造性运用和发展，是被实践证明了的关于中国革命和建设的正确的理论原则和经验总结，是马克思主义中国化的第一次历史性飞跃。毛泽东思想的活的灵魂是贯穿于各个组成部分的立场、观点、方法，体现为实事求是、群众路线、独立自主三个基本方面，为党和人民事业发展提供了科学指引。

遗憾的是，党的八大形成的正确路线未能完全坚持下去，先后出现“大跃进”运动、人民公社化运动等错误，反右派斗争也被严重扩大化。面对当时严峻复杂的外部环境，党极为关注社会主义政权巩固，为此进行了多方面努力。然而，毛泽东同志在关于社会主义社会阶级斗争的理论和实践上的错误发展得越来越严重，党中央未能及时纠正这些错误。毛泽东同志对当时我国阶级形势以及党和国家政治状况作出完全错误的估计，发动和领导了“文化大革命”，林彪、江青两个反革命集团利用毛泽东同志的错误，进行了大量祸国殃民的罪恶活动，酿成十年内乱，使党、国家、人民遭到新中国成立以来最严重的挫折和损失，教训极其惨痛。一九七六年十月，中央政治局执行党和人民的意志，毅然粉碎了“四人帮”，结束了“文化大革命”这场灾难。

从新中国成立到改革开放前夕，党领导人民完成社会主义革命，消灭一切剥削制度，实现了中华民族有史以来最为广泛而深刻的社会变革，实现了一穷二白、人口众多的东方大国大步迈进社会主义社会的伟大飞跃。在探索过程中，虽然经历了严重曲折，但党在社会主义革命和建设中取得的独创性理论成果和巨大成就，为在新的历史时期开创中国特色社会主义提供了宝贵经验、理论准备、物质基础。

中国共产党和中国人民以英勇顽强的奋斗向世界庄严宣告，中国人民不但善于破坏一个旧世界、也善于建设一个新世界，只有社会主义才能救中国，只有社会主义才能发展中国。

三、进行改革开放和社会主义现代化建设

改革开放和社会主义现代化建设新时期，党面临的主要任务是，继续探索中国建设社会主义的正确道路，解放和发展社会生产力，使人民摆脱贫困、尽快富裕起来，为实现中华民族伟大复兴提供充满新的活力的体制保证和快速发展的物质条件。

“文化大革命”结束以后，在党和国家面临何去何从的重大历史关头，党深刻认识到，只有实行改革开放才是唯一出路，否则我们的现代化事业和社会主义事业就会被葬送。一九七八年十二月，党召开十一届三中全会，果断结束“以阶级斗争为纲”，实现党和国家工作中心战略转移，开启了改革开放和社会主义现代化建设新时期，实现了新中国成立以来党的历史上具有深远意义的伟大转折。党作出彻底否定“文化大革命”的重大决策。四十多年来，党始终不渝坚持这次全会确立的路线方针政策。

党的十一届三中全会以后，以邓小平同志为主

要代表的中国共产党人，团结带领全党全国各族人民，深刻总结新中国成立以来正反两方面经验，围绕什么是社会主义、怎样建设社会主义这一根本问题，借鉴世界社会主义历史经验，创立了邓小平理论，解放思想，实事求是，作出把党和国家工作中心转移到经济建设上来、实行改革开放的历史性决策，深刻揭示社会主义本质，确立社会主义初级阶段基本路线，明确提出走自己的路、建设中国特色社会主义，科学回答了建设中国特色社会主义的一系列基本问题，制定了到二十一世纪中叶分三步走、基本实现社会主义现代化的发展战略，成功开创了中国特色社会主义。

党的十三届四中全会以后，以江泽民同志为主要代表的中国共产党人，团结带领全党全国各族人民，坚持党的基本理论、基本路线，加深了对什么是社会主义、怎样建设社会主义和建设什么样的党、怎样建设党的认识，形成了“三个代表”重要思想，在国内外形势十分复杂、世界社会主义出现严重曲折的严峻考验面前捍卫了中国特色社会主义，确立了社会主义市场经济体制的改革目标和基本框架，确立了社会主义初级阶段公有制为主体、多种所有制经济共同发展的基本经济制度和按劳分配为主体、多种分配方式并存的分配制度，开创全面改革开放新局面，推进党的建设新的伟大工程，成功把中国特色社会主义推向二十一世纪。

党的十六大以后，以胡锦涛同志为主要代表的中国共产党人，团结带领全党全国各族人民，在全面建设小康社会进程中推进实践创新、理论创新、制度创新，深刻认识和回答了新形势下实现什么样的发展、怎样发展等重大问题，形成了科学发展观，抓住重要战略机遇期，聚精会神搞建设，一心一意谋发展，强调坚持以人为本、全面协调可持续发展，着力保障和改善民生，促进社会公平正义，推进党的执政能力建设和先进性建设，成功在新形势下坚持和发展了中国特色社会主义。

为了推进改革开放，党重新确立马克思主义的思想路线、政治路线、组织路线，彻底否定“两个凡是”的错误方针，正确评价毛泽东同志的历史地位和毛泽东思想的科学体系。党明确我国社会的主要矛盾是人民日益增长的物质文化需要同落后的社会生产之间的矛盾，解决这个主要矛盾就是我们的中心任务，提出小康社会目标。党在各方面工作中恢复并制定一系列正确政策，调整国民经济。党领导全面开展思想、政治、组织等领域拨乱反正，大规模平反冤假错案和调整社会关系。党制定《关于建国以来党的若干历史问题的决议》，标志着党在指导思想上的拨乱反正胜利完成。

党深刻认识到，开创改革开放和社会主义现代化建设新局面，必须以理论创新引领事业发展。邓小平同志指出，一个党，一个国家，一个民族，如果一切从本本出发，思想僵化，迷信盛行，那它就不能前进，它的生机就停止了，就要亡党亡国。党领导和支持开展真理标准问题大讨论，从新的实践和时代特征出发坚持和发展马克思主义，科学回答了建设中国特色社会主义的发展道路、发展阶段、根本任务、发展动力、发展战略、政治保证、祖国统一、外交和国际战略、领导力量和依靠力量等一系列基本问题，形成中国特色社会主义理论体系，实现了马克思主义中国化新的飞跃。

党的十二大、十三大、十四大、十五大、十六大、十七大，根据国际国内形势发展变化，从我国发展新要求出发，一以贯之对推进改革开放和社会主义现代化建设作出全面部署，并召开多次中央全会专题研究部署改革发展稳定重大工作。我国改革从农村实行家庭联产承包责任制率先突破，逐步转向城市经济体制改革并全面铺开，确立社会主义市场经济的改革方向，更大程度更广范围发挥市场在资源配置中的基础性作用，坚持和完善基本经济制度和分配制度。党坚决推进经济体制改革，同时进行政治、文化、社会等各领域体制改革，推进党的建设制度改革，不断形成和发展符合当代中国国情、充满生机活力的体制机制。党把对外开放确立为基本国策，从兴办深圳等经济特区、开发开放浦东、推动沿海沿边沿江沿线和内陆中心城市对外开放到加入世界贸易组织，从“引进来”到“走出去”，充分利用国际国内两个市场、两种资源。经过持续推进改革开放，我国实现了从高度集中的计划经济体制到充满活力的社会主义市场经济体制、从封闭半封闭到全方位开放的历史性转变。

为了加快推进社会主义现代化，党领导人民进行经济建设、政治建设、文化建设、社会建设，取得一系列重大成就。党坚持以经济建设为中心，坚持发展是硬道理，提出科学技术是第一生产力，实施科教兴国、可持续发展、人才强国等重大战略，推进西部大开发，振兴东北地区等老工业基地，促进中部地区崛起，支持东部地区率先发展，促进城乡、区域协调发展，推进国有企业改革和发展，鼓励和支持发展非公有制经济，加快转变经济发展方式，加强生态环境保护，推动经济持续快速发展，综合国力大幅提升。党坚持党的领导、人民当家作主、依法治国有机统一，发展社会主义民主政治，建设社会主义政治文明，积极稳妥推进政治体制改革，坚持依法治国和以德治国相结合，制定新宪法，建设社会主义法治国家，形成中国特色社会主义法律体系，尊重和保障人权，巩固和发展最广泛的爱国统一战线。党加强理想信念教育，推进社会主义核心价值体系建设，建设社会主义精神文明，发展社会主义先进文化，推动社会主义文化大发展大繁荣。党加快推进以改善民生为重点的社会建设，改善人民生活，取消农业税，不断推进学有所教、劳有所得、病有所医、老有所养、住有所居，促进社会和谐稳定。党提出建设强大的现代化正规化革命军队的总目标，把军事斗争准备的基点放在打赢信息化条件下的局部战争上，推进中国特色军事变革，走中国特色精兵之路。

面对风云变幻的国际形势，党毫不动摇坚持四项基本原则，坚决排除各种干扰，从容应对关系我国改革发展稳定全局的一系列风险考验。二十世纪八十年代末九十年代初，苏联解体、东欧剧变。由于国际上反共反社会主义的敌对势力的支持和煽动，国际大气候和国内小气候导致一九八九年春夏之交我国发生严重政治风波。党和政府依靠人民，旗帜鲜明反对动乱，捍卫了社会主义国家政权，维护了人民根本利益。党领导人民成功应对亚洲金融危机、国际金融危机等经济风险，成功举办二〇〇八年北京奥运会、残奥会，战胜长江和嫩江、松花江流域严重洪涝、汶川特大地震等自然灾害，战胜非典疫情，彰显了党抵御风险和驾驭复杂局面的能力。

党把完成祖国统一大业作为历史重任，为此进行不懈努力。邓小平同志创造性提出“一个国家，两种制度”科学构想，开辟了以和平方式实现祖国统一的新途径。经过艰巨工作和斗争，我国政府相继对香港、澳门恢复行使主权，洗雪了中华民族百年耻辱。香港、澳门回归祖国后，中央政府严格按照宪法和特别行政区基本法办事，保持香港、澳门长期繁荣稳定。党把握解决台湾问题大局，确立“和平统一、一国两制”基本方针，推动两岸双方达成体现一个中国原则的“九二共识”，推进两岸协商谈判，实现全面直接双向“三通”，开启两岸政党交流。制定反分裂国家法，坚决遏制“台独”势力、促进祖国统一，有力挫败各种制造“两个中国”、“一中一台”、“台湾独立”的图谋。

党科学判断时代特征和国际形势，提出和平与发展是当今时代的主题。党坚持维护世界和平、促进共同发展的外交政策宗旨，调整同主要大国的关系，发展同周边国家的睦邻友好关系，深化同广大发展中国家的友好合作，积极参与国际和地区事务，建立起全方位多层次的对外关系新格局。党积极促进世界多极化和国际关系民主化，推动经济全球化朝着有利于共同繁荣的方向发展，旗帜鲜明反对霸权主义和强权政治，坚定维护广大发展中国家利益，推动建立公正合理的国际政治经济新秩序，促进世界持久和平、共同繁荣。

党始终强调，治国必先治党，治党务必从严，聚精会神抓好党的建设，开创和推进党的建设新的伟大工程。党制定关于党内政治生活的若干准则，健全民主集中制，发扬党内民主，实现党内政治生活正常化；有计划有步骤进行整党，着力解决党内思想不纯、作风不纯、组织不纯问题；按照革命化、年轻化、知识化、专业化方针加强干部队伍建设，大力选拔中青年干部，促进干部队伍新老交替。党围绕解决好提高党的领导水平和执政水平、提高拒腐防变和抵御风险能力这两大历史性课题，以执政能力建设和先进性建设为主线，先后就加强党同人民群众联系、加强和改进党的作风建设、加强党的执政能力建设等重大问题作出决定，组织开展“讲学习、讲政治、讲正气”教育、“三个代表”重要思想学习教育活动、保持共产党员先进性教育活动、学习实践科学发展观活动等集中性学习教育。党把党风廉政建设和反腐败斗争提高到关系党和国家生死存亡的高度，推进惩治和预防腐败体系建设。

改革开放四十周年之际，党中央隆重举行庆祝大会，习近平同志发表重要讲话，全面总结四十年改革开放取得的伟大成就和宝贵经验，强调改革开放是党的一次伟大觉醒，是中国人民和中华民族发展史上一次伟大革命，发出将改革开放进行到底的伟大号召。改革开放和社会主义现代化建设的伟大成就举世瞩目，我国实现了从生产力相对落后的状况到经济总量跃居世界第二的历史性突破，实现了人民生活从温饱不足到总体小康、奔向全面小康的历史性跨越，推进了中华民族从站起来到富起来的伟大飞跃。

中国共产党和中国人民以英勇顽强的奋斗向世界庄严宣告，改革开放是决定当代中国前途命运的关键一招，中国特色社会主义道路是指引中国发展繁荣的正确道路，中国大踏步赶上了时代。

四、开创中国特色社会主义新时代

党的十八大以来，中国特色社会主义进入新时代。党面临的主要任务是,实现第一个百年奋斗目标,开启实现第二个百年奋斗目标新征程,朝着实现中华民族伟大复兴的宏伟目标继续前进。

以习近平同志为核心的党中央统筹把握中华民族伟大复兴战略全局和世界百年未有之大变局,强调中国特色社会主义新时代是承前启后、继往开来、在新的历史条件下继续夺取中国特色社会主义伟大胜利的时代,是决胜全面建成小康社会、进而全面建设社会主义现代化强国的时代,是全国各族人民团结奋斗、不断创造美好生活、逐步实现全体人民共同富裕的时代,是全体中华儿女勠力同心、奋力实现中华民族伟大复兴中国梦的时代,是我国不断为人类作出更大贡献的时代。中国特色社会主义新时代是我国发展新的历史方位。

以习近平同志为主要代表的中国共产党人,坚持把马克思主义基本原理同中国具体实际相结合、同中华优秀传统文化相结合,坚持毛泽东思想、邓小平理论、“三个代表”重要思想、科学发展观,深刻总结并充分运用党成立以来的历史经验,从新的实际出发,创立了习近平新时代中国特色社会主义思想，明确中国特色社会主义最本质的特征是中国共产党领导，中国特色社会主义制度的最大优势是中国共产党领导，中国共产党是最高政治领导力量，全党必须增强“四个意识”、坚定“四个自信”、做到“两个维护”；明确坚持和发展中国特色社会主义，总任务是实现社会主义现代化和中华民族伟大复兴，在全面建成小康社会的基础上，分两步走在本世纪中叶建成富强民主文明和谐美丽的社会主义现代化强国，以中国式现代化推进中华民族伟大复兴；明确新时代我国社会主要矛盾是人民日益增长的美好生活需要和不平衡不充分的发展之间的矛盾，必须坚持以人民为中心的发展思想，发展全过程人民民主，推动人的全面发展、全体人民共同富裕取得更为明显的实质性进展；明确中国特色社会主义事业总体布局是经济建设、政治建设、文化建设、社会建设、生态文明建设五位一体，战略布局是全面建设社会主义现代化国家、全面深化改革、全面依法治国、全面从严治党四个全面；明确全面深化改革总目标是完善和发展中国特色社会主义制度、推进国家治理体系和治理能力现代化；明确全面推进依法治国总目标是建设中国特色社会主义法治体系、建设社会主义法治国家；明确必须坚持和完善社会主义基本经济制度，使市场在资源配置中起决定性作用，更好发挥政府作用，把握新发展阶段，贯彻创新、协调、绿色、开放、共享的新发展理念，加快构建以国内大循环为主体、国内国际双循环相互促进的新发展格局，推动高质量发展，统筹发展和安全；明确党在新时代的强军目标是建设一支听党指挥、能打胜仗、作风优良的人民军队，把人民军队建设成为世界一流军队；明确中国特色大国外交要服务民族复兴、促进人类进步，推动建设新型国际关系，推动构建人类命运共同体；明确全面从严治党的战略方针，提出新时代党的建设总要求，全面推进党的政治建设、思想建设、组织建设、作风建设、纪律建设，把制度建设贯穿其中，深入推进反腐败斗争，落实管党治党政治责任，以伟大自我革命引领伟大社会革命。这些战略思想和创新理念，是党对中国特色社会主义建设规律认识深化和理论创新的重大成果。

习近平同志对关系新时代党和国家事业发展的

一系列重大理论和实践问题进行了深邃思考和科学判断，就新时代坚持和发展什么样的中国特色社会主义、怎样坚持和发展中国特色社会主义，建设什么样的社会主义现代化强国、怎样建设社会主义现代化强国，建设什么样的长期执政的马克思主义政党、怎样建设长期执政的马克思主义政党等重大时代课题，提出一系列原创性的治国理政新理念新思想新战略，是习近平新时代中国特色社会主义思想的主要创立者。习近平新时代中国特色社会主义思想是当代中国马克思主义、二十一世纪马克思主义，是中华文化和中国精神的时代精华，实现了马克思主义中国化新的飞跃。党确立习近平同志党中央的核心、全党的核心地位，确立习近平新时代中国特色社会主义思想的指导地位，反映了全党全军全国各族人民共同心愿，对新时代党和国家事业发展、对推进中华民族伟大复兴历史进程具有决定性意义。

改革开放以后，党和国家事业取得重大成就，为新时代发展中国特色社会主义事业奠定了坚实基础、创造了有利条件。同时，党清醒认识到，外部环境变化带来许多新的风险挑战，国内改革发展稳定面临不少长期没有解决的深层次矛盾和问题以及新出现的一些矛盾和问题，管党治党一度宽松软带来党内消极腐败现象蔓延、政治生态出现严重问题，党群干群关系受到损害，党的创造力、凝聚力、战斗力受到削弱，党治国理政面临重大考验。

以习近平同志为核心的党中央，以伟大的历史主动精神、巨大的政治勇气、强烈的责任担当，统筹国内国际两个大局，贯彻党的基本理论、基本路线、基本方略，统揽伟大斗争、伟大工程、伟大事业、伟大梦想，坚持稳中求进工作总基调，出台一系列重大方针政策，推出一系列重大举措，推进一系列重大工作，战胜一系列重大风险挑战，解决了许多长期想解决而没有解决的难题，办成了许多过去想办而没有办成的大事，推动党和国家事业取得历史性成就、发生历史性变革。

（一）在坚持党的全面领导上

改革开放以后，党为加强和改善党的领导进行持续努力，为党和国家事业发展提供了根本政治保证。同时，党内也存在不少对坚持党的领导认识模糊、行动乏力问题，存在不少落实党的领导弱化、虚化、淡化、边缘化问题，特别是对党中央重大决策部署执行不力，有的搞上有政策、下有对策，甚至口是心非、擅自行事。以习近平同志为核心的党中央旗帜鲜明提出，党的领导是党和国家的根本所在、命脉所在，是全国各族人民的利益所系、命运所系，全党必须自觉在思想上政治上行动上同党中央保持高度一致，提高科学执政、民主执政、依法执政水平，提高把方向、谋大局、定政策、促改革的能力，确保充分发挥党总揽全局、协调各方的领导核心作用。

党明确提出，党的领导是全面的、系统的、整体的，保证党的团结统一是党的生命；党中央集中统一领导是党的领导的最高原则，加强和维护党中央集中统一领导是全党共同的政治责任，坚持党的领导首先要旗帜鲜明讲政治，保证全党服从中央。党的十八届六中全会通过关于新形势下党内政治生活的若干准则，党中央出台中央政治局加强和维护党中央集中统一领导的若干规定，严明党的政治纪律和政治规矩，防止和反对个人主义、分散主义、自由主义、本位主义、好人主义等，发展积极健康的党内政治文化，推动营造风清气正的良好政治生态。党中央要求党的领导干部提高政治判断力、政治领悟力、政治执行力，胸怀“国之大者”，对党忠诚、听党指挥、为党尽责。党健全党的领导制度体系，完善党领导人大、政府、政协、监察机关、审判机关、检察机关、武装力量、人民团体、企事业单位、基层群众性自治组织、社会组织等制度，确保党在各种组织中发挥领导作用。党坚持民主集中制，建立健全党对重大工作的领导体制，强化党中央决策议事协调机构职能作用，完善推动党中央重大决策落实机制，严格执行向党中央请示报告制度，强化政治监督，深化政治巡视，查处违背党的路线方针政策、破坏党的集中统一领导问题，清除“两面人”，保证全党在政治立场、政治方向、政治原则、政治道路上同党中央保持高度一致。

党的十八大以来，党中央权威和集中统一领导得到有力保证，党的领导制度体系不断完善，党的领导方式更加科学，全党思想上更加统一、政治上更加团结、行动上更加一致，党的政治领导力、思想引领力、群众组织力、社会号召力显著增强。

（二）在全面从严治党上

改革开放以后，党坚持党要管党、从严治党，推进党的建设取得明显成效。同时，由于一度出现管党不力、治党不严问题，有些党员、干部政治信仰出现严重危机，一些地方和部门选人用人风气不正，形式主义、官僚主义、享乐主义和奢靡之风盛行，特权思想和特权现象较为普遍存在。特别是搞任人唯亲、排斥异己的有之，搞团团伙伙、拉帮结派的有之，搞匿名诬告、制造谣言的有之，搞收买人心、拉动选票的有之，搞封官许愿、弹冠相庆的有之，搞自行其是、阳奉阴违的有之，搞尾大不掉、妄议中央的也有之，政治问题和经济问题相互交织，贪腐程度触目惊心。这“七个有之”问题严重影响党的形象和威信，严重损害党群干群关系，引起广大党员、干部、群众强烈不满和义愤。习近平同志强调，打铁必须自身硬，办好中国的事情，关键在党，关键在党要管党、全面从严治党。必须以加强党的长期执政能力建设、先进性和纯洁性建设为主线，以党的政治建设为统领，以坚定理想信念宗旨为根基，以调动全党积极性、主动性、创造性为着力点，不断提高党的建设质量，把党建设成为始终走在时代前列、人民衷心拥护、勇于自我革命、经得起各种风浪考验、朝气蓬勃的马克思主义执政党。党以永远在路上的清醒和坚定，坚持严的主基调，突出抓住“关键少数”，落实主体责任和监督责任，强化监督执纪问责，把全面从严治党贯穿于党的建设各方面。党中央召开各领域党建工作会议作出有力部署，推动党的建设全面进步。

党中央强调，我们党来自人民、植根人民、服务人民，一旦脱离群众就会失去生命力，全面从严治党必须从人民群众反映强烈的作风问题抓起。党中央从制定和落实中央八项规定破题，坚持从中央政治局做起、从领导干部抓起，以上率下改进工作作风。中央政治局每年召开民主生活会，听取贯彻执行八项规定情况汇报，开展批评和自我批评。党中央发扬钉钉子精神，持之以恒纠治“四风”，反对特权思想和特权现象，狠刹公款送礼、公款吃喝、公款旅游、奢侈浪费等不正之风，解决群众反映强烈、损害群众利益的突出问题，推进基层减负，倡导勤俭节约、反对铺张浪费，刹住了一些过去被认为不可能刹住的歪风，纠治了一些多年未除的顽瘴痼疾，党风政风和社会风气为之一新。

党历来强调，全党必须做到理想信念坚定、组织体系严密、纪律规矩严明。马克思主义信仰、共产主义远大理想、中国特色社会主义共同理想，是中国共产党人的精神支柱和政治灵魂，也是保持党的团结统一的思想基础。党中央强调，理想信念是共产党人精神上的“钙”，共产党人如果没有理想信念，精神上就会“缺钙”，就会得“软骨病”，必然导致政治上变质、经济上贪婪、道德上堕落、生活上腐化。党坚持思想建党和制度治党同向发力，先后开展党的群众路线教育实践活动、“严以修身、严以用权、严以律己，谋事要实、创业要实、做人要实”专题教育、“学党章党规、学系列讲话，做合格党员”学习教育、“不忘初心、牢记使命”主题教育、党史学习教育等，用党的创新理论武装全党，推进学习型政党建设，教育引导广大党员、干部特别是领导干部从思想上正本清源、固本培元，筑牢信仰之基、补足精神之钙、把稳思想之舵，保持共产党人政治本色，挺起共产党人的精神脊梁。党提出和贯彻新时代党的组织路线，明确信念坚定、为民服务、勤政务实、敢于担当、清正廉洁的新时代好干部标准，突出政治素质要求、树立正确用人导向，坚持德才兼备、以德为先，坚持五湖四海、任人唯贤，坚持事业为上、公道正派，坚持不唯票、不唯分、不唯生产总值、不唯年龄，不搞“海推”、“海选”，强化党组织领导和把关作用，纠正选人用人上的不正之风。党要求各级领导干部解决好世界观、人生观、价值观这个“总开关”问题，珍惜权力、管好权力、慎用权力，自觉接受各方面监督，时刻想着为党分忧、为国奉献、为民造福。党坚持党管人才原则，实行更加积极、更加开放、更加有效的人才政策，深入实施新时代人才强国战略，加快建设世界重要人才中心和创新高地，聚天下英才而用之。党不断健全组织体系，以提升组织力为重点，增强党组织政治功能和组织功能，树立大抓基层的鲜明导向，推动党的组织和党的工作全覆盖。党坚持纪严于法、执纪执法贯通，用好监督执纪“四种形态”，强化政治纪律和组织纪律，带动各项纪律全面严起来。党坚持依规治党，严格遵守党章，形成比较完善的党内法规体系，严格制度执行，党的建设科学化、制度化、规范化水平明显提高。

党中央强调，腐败是党长期执政的最大威胁，反腐败是一场输不起也决不能输的重大政治斗争，不得罪成百上千的腐败分子，就要得罪十四亿人民，必须把权力关进制度的笼子里，依纪依法设定权力、规范权力、制约权力、监督权力。党坚持不敢腐、不能腐、不想腐一体推进，惩治震慑、制度约束、提高觉悟一体发力，确保党和人民赋予的权力始终用来为人民谋幸福。坚持无禁区、全覆盖、零容忍，坚持重遏制、强高压、长震慑，坚持受贿行贿一起查，坚持有案必查、有腐必惩，以猛药去疴、重典治乱的决心，以刮骨疗毒、壮士断腕的勇气，坚定不移“打虎”、“拍蝇”、“猎狐”。坚决整治群众身边腐败问题，深入开展国际追逃追赃，清除一切腐败分子。党聚焦政治问题和经济问题交织的腐败案件，防止党内形成利益集团，查处周永康、薄熙来、孙政才、令计划等严重违纪违法案件。党领导完善党和国家监督体系，推动设立国家监察委员会和地方各级监察委员会，构建巡视巡察上下联动格局，构建以党内监督为主导、各类监督贯通协调的机制，加强对权力运行的制约和监督。

党的十八大以来，经过坚决斗争，全面从严治党的政治引领和政治保障作用充分发挥，党的自我净化、自我完善、自我革新、自我提高能力显著增强，管党治党宽松软状况得到根本扭转，反腐败斗争取得压倒性胜利并全面巩固，消除了党、国家、军队内部存在的严重隐患，党在革命性锻造中更加坚强。

（三）在经济建设上

改革开放以后，党扭住经济建设这个中心，领导人民埋头苦干，创造出经济快速发展奇迹，国家经济实力大幅跃升。同时，由于一些地方和部门存在片面追求速度规模、发展方式粗放等问题，加上国际金融危机后世界经济持续低迷影响，经济结构性体制性矛盾不断积累，发展不平衡、不协调、不可持续问题十分突出。党中央提出，我国经济发展进入新常态，已由高速增长阶段转向高质量发展阶段，面临增长速度换挡期、结构调整阵痛期、前期刺激政策消化期“三期叠加”的复杂局面，传统发展模式难以为继。党中央强调，贯彻新发展理念是关系我国发展全局的一场深刻变革，不能简单以生产总值增长率论英雄，必须实现创新成为第一动力、协调成为内生特点、绿色成为普遍形态、开放成为必由之路、共享成为根本目的的高质量发展，推动经济发展质量变革、效率变革、动力变革。

党加强对经济工作的战略谋划和统一领导，完善党领导经济工作体制机制。党的十八届五中全会、党的十九大、党的十九届五中全会和历次中央经济工作会议集中对我国发展作出部署，作出坚持以高质量发展为主题、以供给侧结构性改革为主线、建设现代化经济体系、把握扩大内需战略基点，打好防范化解重大风险、精准脱贫、污染防治三大攻坚战等重大决策。党毫不动摇巩固和发展公有制经济，毫不动摇鼓励、支持、引导非公有制经济发展，支持国有资本和国有企业做强做优做大，建立中国特色现代企业制度，增强国有经济竞争力、创新力、控制力、影响力、抗风险能力；构建亲清政商关系，促进非公有制经济健康发展和非公有制经济人士健康成长。党坚持实施创新驱动发展战略，把科技自立自强作为国家发展的战略支撑，健全新型举国体制，强化国家战略科技力量，加强基础研究，推进关键核心技术攻关和自主创新，强化知识产权创造、保护、运用，加快建设创新型国家和世界科技强国。全面实施供给侧结构性改革，推进去产能、去库存、去杠杆、降成本、补短板，落实巩固、增强、提升、畅通要求，推进制造强国建设，加快发展现代产业体系，壮大实体经济，发展数字经济。完善宏观经济治理，创新宏观调控思路和方式，增强宏观政策自主性，实施积极的财政政策和稳健的货币政策，坚持推进简政放权、放管结合、优化服务，保障粮食安全、能源资源安全、产业链供应链安全，坚持金融为实体经济服务，全面加强金融监管，防范化解经济金融领域风险，强化市场监管和反垄断规制，防止资本无序扩张，维护市场秩序，激发各类市场主体特别是中小微企业活力，保护广大劳动者和消费者权益。党实施区域协调发展战略，促进京津冀协同发展、长江经济带发展、粤港澳大湾区建设、长三角一体化发展、黄河流域生态保护和高质量发展，高标准高质量建设雄安新区，推动西部大开发形成新格局，推动东北振兴取得新突破，推动中部地区高质量发展，鼓励东部地区加快推进现代化，支持革命老区、民族地区、边疆地区、贫困地区改善生产生活条件。推进以人为核心的新型城镇化，加强城市规划、建设、管理。党始终把解决好“三农”问题作为全党工作重中之重，实施乡村振兴战略，加快推进农业农村现代化，坚持藏粮于地、藏粮于技，实行最严格的耕地保护制度，推动种业科技自立自强、种源自主可控，确保把中国人的饭碗牢牢端在自己手中。

党的十八大以来，我国经济发展平衡性、协调性、可持续性明显增强，国内生产总值突破百万亿元大关，人均国内生产总值超过一万美元，国家经济实力、科技实力、综合国力跃上新台阶，我国经济迈上更高质量、更有效率、更加公平、更可持续、更为安全的发展之路。

（四）在全面深化改革开放上

党的十一届三中全会以后，我国改革开放走过波澜壮阔的历程，取得举世瞩目的成就。随着实践发展，一些深层次体制机制问题和利益固化的藩篱日益显现，改革进入攻坚期和深水区。党中央深刻认识到，实践发展永无止境，解放思想永无止境，改革开放也永无止境，改革只有进行时、没有完成时，停顿和倒退没有出路，必须以更大的政治勇气和智慧推进全面深化改革，敢于啃硬骨头，敢于涉险滩，突出制度建设，注重改革关联性和耦合性，真枪真刀推进改革，有效破除各方面体制机制弊端。

党的十八届三中全会对经济体制、政治体制、文化体制、社会体制、生态文明体制、国防和军队改革和党的建设制度改革作出部署，确定全面深化改革的总目标、战略重点、优先顺序、主攻方向、工作机制、推进方式和时间表、路线图。党的十一届三中全会是划时代的，开启了改革开放和社会主义现代化建设新时期。党的十八届三中全会也是划时代的，实现改革由局部探索、破冰突围到系统集成、全面深化的转变，开创了我国改革开放新局面。

党坚持改革正确方向，以促进社会公平正义、增进人民福祉为出发点和落脚点，突出问题导向，聚焦进一步解放思想、解放和发展社会生产力、解放和增强社会活力，加强顶层设计和整体谋划，增强改革的系统性、整体性、协同性，激发人民首创精神，推动重要领域和关键环节改革走实走深。党推动改革全面发力、多点突破、蹄疾步稳、纵深推进，从夯基垒台、立柱架梁到全面推进、积厚成势，再到系统集成、协同高效，各领域基础性制度框架基本确立，许多领域实现历史性变革、系统性重塑、整体性重构。

党中央深刻认识到，开放带来进步，封闭必然落后；我国发展要赢得优势、赢得主动、赢得未来，必须顺应经济全球化，依托我国超大规模市场优势，实行更加积极主动的开放战略。我国坚持共商共建共享，推动共建“一带一路”高质量发展，推进一大批关系沿线国家经济发展、民生改善的合作项目，建设和平之路、繁荣之路、开放之路、绿色之路、创新之路、文明之路，使共建“一带一路”成为当今世界深受欢迎的国际公共产品和国际合作平台。我国坚持对内对外开放相互促进、“引进来”和“走出去”更好结合，推动贸易和投资自由化便利化，构建面向全球的高标准自由贸易区网络，建设自由贸易试验区和海南自由贸易港，推动规则、规制、管理、标准等制度型开放，形成更大范围、更宽领域、更深层次对外开放格局，构建互利共赢、多元平衡、安全高效的开放型经济体系，不断增强我国国际经济合作和竞争新优势。

党的十八大以来，党不断推动全面深化改革向广度和深度进军，中国特色社会主义制度更加成熟更加定型，国家治理体系和治理能力现代化水平不断提高，党和国家事业焕发出新的生机活力。

（五）在政治建设上

改革开放以后，党领导人民坚持中国特色社会主义政治发展道路，发展社会主义民主，取得重大进展。党从国内外政治发展成败得失中深刻认识到，坚定中国特色社会主义制度自信首先要坚定对中国特色社会主义政治制度的自信，建设社会主义民主政治，发展社会主义政治文明，必须使中国特色社会主义政治制度深深扎根于中国社会土壤，照抄照搬他国政治制度行不通，甚至会把国家前途命运葬送掉。必须坚持党的领导、人民当家作主、依法治国有机统一，积极发展全过程人民民主，健全全面、广泛、有机衔接的人民当家作主制度体系，构建多样、畅通、有序的民主渠道，丰富民主形式，从各层次各领域扩大人民有序政治参与，使各方面制度和国家治理更好体现人民意志、保障人民权益、激发人民创造。必须警惕和防范西方所谓“宪政”、多党轮流执政、“三权鼎立”等政治思潮的侵蚀影响。

党的十九届四中全会着眼于党长期执政和国家长治久安，对坚持和完善中国特色社会主义制度、推进国家治理体系和治理能力现代化作出总体擘画，重点部署坚持和完善支撑中国特色社会主义制度的根本制度、基本制度、重要制度。党中央强调，必须坚持人民主体地位，保证人民依法实行民主选举、民主协商、民主决策、民主管理、民主监督。党坚持和完善人民代表大会制度，支持和保证人民通过人民代表大会行使国家权力，支持和保证人大依法行使立法权、监督权、决定权、任免权，果断查处拉票贿选案，维护人民代表大会制度权威和尊严，发挥人民代表大会制度的根本政治制度作用。党坚持和完善中国共产党领导的多党合作和政治协商制度，完善民主党派中央对重大决策部署贯彻落实情况实施专项监督、直接向中共中央提出建议等制度，加强人民政协专门协商机构制度建设，推进社会主义协商民主广泛多层制度化发展，形成中国特色协商民主体系。党坚持巩固基层政权，完善基层民主制度，完善办事公开制度，保障人民知情权、参与权、表达权、监督权。按照坚持党的全面领导、坚持以人民为中心、坚持优化协同高效、坚持全面依法治国的原则，全面深化党和国家机构改革，党和国家机构职能实现系统性、整体性重构。党坚持和完善民族区域自治制度，坚定不移走中国特色解决民族问题的正确道路，坚持把铸牢中华民族共同体意识作为党的民族工作主线，确立新时代党的治藏方略、治疆方略，巩固和发展平等团结互助和谐的社会主义民族关系，促进各民族共同团结奋斗、共同繁荣发展。党坚持党的宗教工作基本方针，坚持我国宗教的中国化方向，积极引导宗教与社会主义社会相适应。党完善大统战工作格局，努力寻求最大公约数、画出最大同心圆，汇聚实现中华民族伟大复兴的磅礴力量。党围绕增强政治性、先进性、群众性，推动群团工作改革创新，更好发挥工会、共青团、妇联等人民团体和群众组织作用。我们以保障人民生存权、发展权为首要推进人权事业全面发展。

党的十八大以来，我国社会主义民主政治制度化、规范化、程序化全面推进，中国特色社会主义政治制度优越性得到更好发挥，生动活泼、安定团结的政治局面得到巩固和发展。

（六）在全面依法治国上

改革开放以后，党坚持依法治国，不断推进社会主义法治建设。同时，有法不依、执法不严、司法不公、违法不究等问题严重存在，司法腐败时有发生，一些执法司法人员徇私枉法，甚至充当犯罪分子的保护伞，严重损害法治权威，严重影响社会公平正义。党深刻认识到，权力是一把“双刃剑”，依法依规行使可以造福人民，违法违规行使必然祸害国家和人民。党中央强调，法治兴则国家兴，法治衰则国家乱；全面依法治国是中国特色社会主义的本质要求和重要保障，是国家治理的一场深刻革命；坚持依法治国首先要坚持依宪治国，坚持依法执政首先要坚持依宪执政。必须坚持中国特色社会主义法治道路，贯彻中国特色社会主义法治理论，坚持依法治国、依法执政、依法行政共同推进，坚持法治国家、法治政府、法治社会一体建设，全面增强全社会尊法学法守法用法意识和能力。

党的十八届四中全会和中央全面依法治国工作会议专题研究全面依法治国问题，就科学立法、严格执法、公正司法、全民守法作出顶层设计和重大部署，统筹推进法律规范体系、法治实施体系、法治监督体系、法治保障体系和党内法规体系建设。

党强调，全面依法治国最广泛、最深厚的基础是人民，必须把体现人民利益、反映人民愿望、维护人民权益、增进人民福祉落实到全面依法治国各领域全过程，保障和促进社会公平正义，努力让人民群众在每一项法律制度、每一个执法决定、每一宗司法案件中都感受到公平正义。党领导健全保证宪法全面实施的体制机制，确立宪法宣誓制度，弘扬社会主义法治精神，提高国家机构依法履职能力，提高各级领导干部运用法治思维和法治方式解决问题、推动发展的能力，增强全社会法治意识。通过宪法修正案，制定民法典、外商投资法、国家安全法、监察法等法律，修改立法法、国防法、环境保护法等法律，加强重点领域、新兴领域、涉外领域立法，加快完善以宪法为核心的中国特色社会主义法律体系。党领导深化以司法责任制为重点的司法体制改革，推进政法领域全面深化改革，加强对执法司法活动的监督制约，开展政法队伍教育整顿，依法纠正冤错案件，严厉惩治执法司法腐败，确保执法司法公正廉洁高效权威。

党的十八大以来，中国特色社会主义法治体系不断健全，法治中国建设迈出坚实步伐，法治固根本、稳预期、利长远的保障作用进一步发挥，党运用法治方式领导和治理国家的能力显著增强。

（七）在文化建设上

改革开放以后，党坚持物质文明和精神文明两手抓、两手硬，推动社会主义文化繁荣发展，振奋了民族精神，凝聚了民族力量。同时，拜金主义、享乐主义、极端个人主义和历史虚无主义等错误思潮不时出现，网络舆论乱象丛生，一些领导干部政治立场模糊、缺乏斗争精神，严重影响人们思想和社会舆论环境。党准确把握世界范围内思想文化相互激荡、我国社会思想观念深刻变化的趋势，强调意识形态工作是为国家立心、为民族立魂的工作，文化自信是更基础、更广泛、更深厚的自信，是一个国家、一个民族发展中最基本、最深沉、最持久的力量，没有高度文化自信、没有文化繁荣兴盛就没有中华民族伟大复兴。必须坚持以人民为中心的工作导向，举旗帜、聚民心、育新人、兴文化、展形象，牢牢掌握意识形态工作领导权，建设具有强大凝聚力和引领力的社会主义意识形态，建设社会主义文化强国，激发全民族文化创新创造活力，更好构筑中国精神、中国价值、中国力量，巩固全党全国各族人民团结奋斗的共同思想基础。

党着力解决意识形态领域党的领导弱化问题，立破并举、激浊扬清，就意识形态领域许多方向性、战略性问题作出部署，确立和坚持马克思主义在意识形态领域指导地位的根本制度，健全意识形态工作责任制，推动全党动手抓宣传思想工作，守土有责、守土负责、守土尽责，敢抓敢管、敢于斗争，旗帜鲜明反对和抵制各种错误观点。党从正本清源入手加强宣传思想工作，召开全国宣传思想工作会议，分别召开文艺工作、党的新闻舆论工作、网络安全和信息化工作、哲学社会科学工作座谈会和全国高校思想政治工作会议，就一系列根本性问题阐明原则立场，廓清了理论是非，校正了工作导向，思想文化领域向上向好态势不断发展。推动用党的创新理论武装全党、教育人民、指导实践，深化马克思主义理论研究和建设，推进中国特色哲学社会科学学科体系、学术体系、话语体系建设。高度重视传播手段建设和创新，推动媒体融合发展，提高新闻舆论传播力、引导力、影响力、公信力。党中央明确提出，过不了互联网这一关就过不了长期执政这一关。党高度重视互联网这个意识形态斗争的主阵地、主战场、最前沿，健全互联网领导和管理体制，坚持依法管网治网，营造清朗的网络空间。

党坚持以社会主义核心价值观引领文化建设，注重用社会主义先进文化、革命文化、中华优秀传统文化培根铸魂，广泛开展中国特色社会主义和中国梦宣传教育，推动理想信念教育常态化制度化，完善思想政治工作体系，建立健全党和国家功勋荣誉表彰制度，设立烈士纪念日，深化群众性精神文明创建，建设新时代文明实践中心，推动学习大国建设。党推动学习党史、新中国史、改革开放史、社会主义发展史，建成中国共产党历史展览馆，开展庆祝中国共产党成立一百周年、中华人民共和国成立七十周年、中国人民解放军建军九十周年、改革开放四十周年和纪念中国人民抗日战争暨世界反法西斯战争胜利七十周年、中国人民志愿军抗美援朝出国作战七十周年等活动，有力彰显党心民心、国威军威，在全社会唱响了主旋律、弘扬了正能量。党坚持把社会效益放在首位、社会效益和经济效益相统一，推进文化事业和文化产业全面发展，繁荣文艺创作，完善公共文化服务体系，为人民提供了更多更好的精神食粮。

党中央强调，中华优秀传统文化是中华民族的突出优势，是我们在世界文化激荡中站稳脚跟的根基，必须结合新的时代条件传承和弘扬好。我们实施中华优秀传统文化传承发展工程，推动中华优秀传统文化创造性转化、创新性发展，增强全社会文物保护意识，加大文化遗产保护力度。加快国际传播能力建设，向世界讲好中国故事、中国共产党故事，传播好中国声音，促进人类文明交流互鉴，国家文化软实力、中华文化影响力明显提升。

党的十八大以来，我国意识形态领域形势发生全局性、根本性转变，全党全国各族人民文化自信明显增强，全社会凝聚力和向心力极大提升，为新时代开创党和国家事业新局面提供了坚强思想保证和强大精神力量。

（八）在社会建设上

改革开放以后，我国人民生活显著改善，社会治理明显改进。同时，随着时代发展和社会进步，人民对美好生活的向往更加强烈，对民主、法治、公平、正义、安全、环境等方面的要求日益增长。党中央强调，人民对美好生活的向往就是我们的奋斗目标，增进民生福祉是我们坚持立党为公、执政为民的本质要求，让老百姓过上好日子是我们一切工作的出发点和落脚点，补齐民生保障短板、解决好人民群众急难愁盼问题是社会建设的紧迫任务。必须以保障和改善民生为重点加强社会建设，尽力而为、量力而行，一件事情接着一件事情办，一年接着一年干，在幼有所育、学有所教、劳有所得、病有所医、老有所养、住有所居、弱有所扶上持续用力，加强和创新社会治理，使人民获得感、幸福感、安全感更加充实、更有保障、更可持续。

党深刻认识到，小康不小康，关键看老乡；脱贫攻坚是全面建成小康社会的底线任务，只有打赢脱贫攻坚战，才能确保全面建成小康社会、实现第一个百年奋斗目标；必须以更大决心、更精准思路、更有力措施，采取超常举措，实施脱贫攻坚工程。党坚持精准扶贫，确立不愁吃、不愁穿和义务教育、基本医疗、住房安全有保障工作目标，实行“军令状”式责任制，动员全党全国全社会力量，上下同心、尽锐出战，攻克坚中之坚、解决难中之难，组织实施人类历史上规模最大、力度最强的脱贫攻坚战，形成伟大脱贫攻坚精神。党的十八大以来，全国八百三十二个贫困县全部摘帽，十二万八千个贫困村全部出列，近一亿农村贫困人口实现脱贫，提前十年实现联合国二〇三〇年可持续发展议程减贫目标，历史性地解决了绝对贫困问题，创造了人类减贫史上的奇迹。

二〇二〇年，面对突如其来的新冠肺炎疫情，党中央果断决策、沉着应对，坚持人民至上、生命至上，提出坚定信心、同舟共济、科学防治、精准施策的总要求，开展抗击疫情人民战争、总体战、阻击战，周密部署武汉保卫战、湖北保卫战，举全国之力实施规模空前的生命大救援，慎终如始抓好“外防输入、内防反弹”，坚持统筹疫情防控和经济社会发展，最大限度保护了人民生命安全和身体健康，在全球率先控制住疫情、率先复工复产、率先恢复经济社会发展，抗疫斗争取得重大战略成果，铸就了伟大抗疫精神。

为了保障和改善民生，党按照坚守底线、突出重点、完善制度、引导预期的思路，在收入分配、就业、教育、社会保障、医疗卫生、住房保障等方面推出一系列重大举措，注重加强普惠性、基础性、兜底性民生建设，推进基本公共服务均等化。我们努力建设体现效率、促进公平的收入分配体系，调节过高收入，取缔非法收入，增加低收入者收入，稳步扩大中等收入群体，推动形成橄榄型分配格局，居民收入增长与经济增长基本同步，农村居民收入增速快于城镇居民。实施就业优先政策，推动实现更加充分、更高质量就业。全面贯彻党的教育方针，优先发展教育事业，明确教育的根本任务是立德树人，培养德智体美劳全面发展的社会主义建设者和接班人，深化教育教学改革创新，促进公平和提高质量，推进义务教育均衡发展和城乡一体化，全面推行国家通用语言文字教育教学，规范校外培训机构，积极发展职业教育，推动高等教育内涵式发展，推进教育强国建设，办好人民满意的教育。我国建成世界上规模最大的社会保障体系，十亿二千万人拥有基本养老保险，十三亿六千万人拥有基本医疗保险。全面推进健康中国建设，坚持预防为主的方针，深化医药卫生体制改革，引导医疗卫生工作重心下移、资源下沉，及时推动完善重大疫情防控体制机制、健全国家公共卫生应急管理体系，促进中医药传承创新发展，健全遍及城乡的公共卫生服务体系。加快体育强国建设，广泛开展全民健身活动，大力弘扬中华体育精神。加强人口发展战略研究，积极应对人口老龄化，加快建设养老服务体系，调整优化生育政策，促进人口长期均衡发展。注重家庭家教家风建设，保障妇女儿童权益。加快发展残疾人事业。坚持房子是用来住的、不是用来炒的定位，加快建立多主体供给、多渠道保障、租购并举的住房制度，加大保障房建设投入力度，城乡居民住房条件明显改善。

党着眼于国家长治久安、人民安居乐业，建设更高水平的平安中国，完善社会治理体系，健全党组织领导的自治、法治、德治相结合的城乡基层治理体系，推动社会治理重心向基层下移，建设共建共治共享的社会治理制度，建设人人有责、人人尽责、人人享有的社会治理共同体。加强防灾减灾救灾和安全生产工作，加强国家应急管理体系和能力建设。坚持和发展新时代“枫桥经验”，坚持系统治理、依法治理、综合治理、源头治理，完善信访制度，健全社会矛盾纠纷多元预防调处化解综合机制，加强社会治安综合治理，开展扫黑除恶专项斗争，坚决惩治放纵、包庇黑恶势力甚至充当保护伞的党员干部，防范和打击暴力恐怖、新型网络犯罪、跨国犯罪。

党的十八大以来，我国社会建设全面加强，人民生活全方位改善，社会治理社会化、法治化、智能化、专业化水平大幅度提升，发展了人民安居乐业、社会安定有序的良好局面，续写了社会长期稳定奇迹。

（九）在生态文明建设上

改革开放以后，党日益重视生态环境保护。同时，生态文明建设仍然是一个明显短板，资源环境约束趋紧、生态系统退化等问题越来越突出，特别是各类环境污染、生态破坏呈高发态势，成为国土之伤、民生之痛。如果不抓紧扭转生态环境恶化趋势，必将付出极其沉重的代价。党中央强调，生态文明建设是关乎中华民族永续发展的根本大计，保护生态环境就是保护生产力，改善生态环境就是发展生产力，决不以牺牲环境为代价换取一时的经济增长。必须坚持绿水青山就是金山银山的理念，坚持山水林田湖草沙一体化保护和系统治理，像保护眼睛一样保护生态环境，像对待生命一样对待生态环境，更加自觉地推进绿色发展、循环发展、低碳发展，坚持走生产发展、生活富裕、生态良好的文明发展道路。

党从思想、法律、体制、组织、作风上全面发力，全方位、全地域、全过程加强生态环境保护，推动划定生态保护红线、环境质量底线、资源利用上线，开展一系列根本性、开创性、长远性工作。党组织实施主体功能区战略，建立健全自然资源资产产权制度、国土空间开发保护制度、生态文明建设目标评价考核制度和责任追究制度、生态补偿制度、河湖长制、林长制、环境保护“党政同责”和“一岗双责”等制度，制定修订相关法律法规。优化国土空间开发保护格局，建立以国家公园为主体的自然保护地体系，持续开展大规模国土绿化行动，加强大江大河和重要湖泊湿地及海岸带生态保护和系统治理，加大生态系统保护和修复力度，加强生物多样性保护，推动形成节约资源和保护环境的空间格局、产业结构、生产方式、生活方式。党领导着力打赢污染防治攻坚战，深入实施大气、水、土壤污染防治三大行动计划，打好蓝天、碧水、净土保卫战，开展农村人居环境整治，全面禁止进口“洋垃圾”。开展中央生态环境保护督察，坚决查处一批破坏生态环境的重大典型案件、解决一批人民群众反映强烈的突出环境问题。我国积极参与全球环境与气候治理，作出力争二〇三〇年前实现碳达峰、二〇六〇年前实现碳中和的庄严承诺，体现了负责任大国的担当。

党的十八大以来，党中央以前所未有的力度抓生态文明建设，全党全国推动绿色发展的自觉性和主动性显著增强，美丽中国建设迈出重大步伐，我国生态环境保护发生历史性、转折性、全局性变化。

（十）在国防和军队建设上

改革开放以后，人民军队革命化现代化正规化水平不断提高，国防实力日益增强，为国家改革发展稳定提供了可靠安全保障。党中央强调，强国必须强军、军强才能国安，必须建设同我国国际地位相称、同国家安全和发展利益相适应的巩固国防和强大人民军队。

党提出新时代的强军目标，确立新时代军事战略方针，制定到二〇二七年实现建军一百年奋斗目标、到二〇三五年基本实现国防和军队现代化、到本世纪中叶全面建成世界一流军队的国防和军队现代化新“三步走”战略，推进政治建军、改革强军、科技强军、人才强军、依法治军，加快军事理论现代化、军队组织形态现代化、军事人员现代化、武器装备现代化，加快机械化信息化智能化融合发展，全面加强练兵备战，坚持走中国特色强军之路。

建设强大人民军队，首要的是毫不动摇坚持党对人民军队绝对领导的根本原则和制度，坚持人民军队最高领导权和指挥权属于党中央和中央军委，全面深入贯彻军委主席负责制。有一个时期，人民军队党的领导弱化问题突出，如果不彻底解决，不仅影响战斗力，而且事关党指挥枪这一重大政治原则。党中央和中央军委狠抓全面从严治军，果断决策整肃人民军队政治纲纪，在古田召开全军政治工作会议，对新时代政治建军作出部署，恢复和发扬我党我军光荣传统和优良作风，以整风精神推进政治整训，全面加强军队党的领导和党的建设，深入推进军队党风廉政建设和反腐败斗争，坚决查处郭伯雄、徐才厚、房峰辉、张阳等严重违纪违法案件并彻底肃清其流毒影响，推动人民军队政治生态根本好转。

党提出改革强军战略，领导开展新中国成立以来最为广泛、最为深刻的国防和军队改革，重构人民军队领导指挥体制、现代军事力量体系、军事政策制度，裁减现役员额三十万，形成了军委管总、战区主战、军种主建新格局。面对世界新军事革命，我们实施科技强军战略，建设创新型人民军队，建设强大的现代化后勤，国防科技和武器装备建设取得重大进展。实施人才强军战略，确立新时代军事教育方针，明确军队好干部标准，推动构建三位一体新型军事人才培养体系，培养有灵魂、有本事、有血性、有品德的新时代革命军人，锻造具有铁一般信仰、铁一般信念、铁一般纪律、铁一般担当的过硬部队。贯彻依法治军战略，构建中国特色军事法治体系，加快治军方式根本性转变。推进军人荣誉体系建设。

党提出新时代人民军队使命任务，创新军事战略指导，调整优化军事战略布局，强化人民军队塑造态势、管控危机、遏制战争、打赢战争的战略功能。人民军队紧紧扭住战斗力这个唯一的根本的标准，扭住能打仗、打胜仗这个根本指向，壮大战略力量和新域新质作战力量，加强联合作战指挥体系和能力建设，大力纠治“和平积弊”，大抓实战化军事训练，建设强大稳固的现代边海空防，坚定灵活开展军事斗争，有效应对外部军事挑衅，震慑“台独”分裂行径，遂行边防斗争、海上维权、反恐维稳、抢险救灾、抗击疫情、维和护航、人道主义救援和国际军事合作等重大任务。

党的十八大以来，在党的坚强领导下，人民军队实现整体性革命性重塑、重整行装再出发，国防实力和经济实力同步提升，一体化国家战略体系和能力加快构建，建立健全退役军人管理保障体制，国防动员更加高效，军政军民团结更加巩固。人民军队坚决履行新时代使命任务，以顽强斗争精神和实际行动捍卫了国家主权、安全、发展利益。

（十一）在维护国家安全上

改革开放以后，党高度重视正确处理改革发展稳定关系，把维护国家安全和社会安定作为党和国家的一项基础性工作来抓，为改革开放和社会主义现代化建设营造了良好安全环境。进入新时代，我国面临更为严峻的国家安全形势，外部压力前所未有，传统安全威胁和非传统安全威胁相互交织，“黑天鹅”、“灰犀牛”事件时有发生。同形势任务要求相比，我国维护国家安全能力不足，应对各种重大风险能力不强，维护国家安全的统筹协调机制不健全。党中央强调，国泰民安是人民群众最基本、最普遍的愿望。必须坚持底线思维、居安思危、未雨绸缪，坚持国家利益至上，以人民安全为宗旨，以政治安全为根本，以经济安全为基础，以军事、科技、文化、社会安全为保障，以促进国际安全为依托，统筹发展和安全，统筹开放和安全，统筹传统安全和非传统安全，统筹自身安全和共同安全，统筹维护国家安全和塑造国家安全。

习近平同志强调保证国家安全是头等大事，提出总体国家安全观，涵盖政治、军事、国土、经济、文化、社会、科技、网络、生态、资源、核、海外利益、太空、深海、极地、生物等诸多领域，要求全党增强斗争精神、提高斗争本领，落实防范化解各种风险的领导责任和工作责任。党中央深刻认识到，面对来自外部的各种围堵、打压、捣乱、颠覆活动，必须发扬不信邪、不怕鬼的精神，同企图颠覆中国共产党领导和我国社会主义制度、企图迟滞甚至阻断中华民族伟大复兴进程的一切势力斗争到底，一味退让只能换来得寸进尺的霸凌，委曲求全只能招致更为屈辱的境况。

党着力推进国家安全体系和能力建设，设立中央国家安全委员会，完善集中统一、高效权威的国家安全领导体制，完善国家安全法治体系、战略体系和政策体系，建立国家安全工作协调机制和应急管理机制。党把安全发展贯穿国家发展各领域全过程，注重防范化解影响我国现代化进程的重大风险，坚定维护国家政权安全、制度安全、意识形态安全，加强国家安全宣传教育和全民国防教育，巩固国家安全人民防线，推进兴边富民、稳边固边，严密防范和严厉打击敌对势力渗透、破坏、颠覆、分裂活动，顶住和反击外部极端打压遏制，开展涉港、涉台、涉疆、涉藏、涉海等斗争，加快建设海洋强国，有效维护国家安全。

党的十八大以来，国家安全得到全面加强，经受住了来自政治、经济、意识形态、自然界等方面的风险挑战考验，为党和国家兴旺发达、长治久安提供了有力保证。

（十二）在坚持"一国两制"和推进祖国统一上

香港、澳门回归祖国后，重新纳入国家治理体系，走上了同祖国内地优势互补、共同发展的宽广道路，"一国两制"实践取得举世公认的成功。同时，一个时期，受各种内外复杂因素影响，“反中乱港”活动猖獗，香港局势一度出现严峻局面。党中央强调，必须全面准确、坚定不移贯彻“一国两制”方针，坚持和完善“一国两制”制度体系，坚持依法治港治澳，维护宪法和基本法确定的特别行政区宪制秩序，落实中央对特别行政区全面管治权，坚定落实“爱国者治港”、“爱国者治澳”。

党中央审时度势，作出健全中央依照宪法和基本法对特别行政区行使全面管治权、完善特别行政区同宪法和基本法实施相关制度机制的重大决策，推动建立健全特别行政区维护国家安全的法律制度和执行机制、制定《中华人民共和国香港特别行政区维护国家安全法》、完善香港特别行政区选举制度，落实“爱国者治港”原则，支持特别行政区完善公职人员宣誓制度。中央人民政府依法设立驻香港特别行政区维护国家安全公署，香港特别行政区依法设立维护国家安全委员会。中央坚定支持香港特别行政区依法止暴制乱、恢复秩序，支持行政长官和特别行政区政府依法施政，坚决防范和遏制外部势力干预港澳事务，严厉打击分裂、颠覆、渗透、破坏活动。全面支持香港、澳门更好融入国家发展大局，高质量建设粤港澳大湾区，支持港澳发展经济、改善民生，增强港澳同胞国家意识和爱国精神。这一系列标本兼治的举措，推动香港局势实现由乱到治的重大转折，为推进依法治港治澳、促进“一国两制”实践行稳致远打下了坚实基础。

解决台湾问题、实现祖国完全统一，是党矢志不渝的历史任务，是全体中华儿女的共同愿望，是实现中华民族伟大复兴的必然要求。党把握两岸关系时代变化，丰富和发展国家统一理论和对台方针政策，推动两岸关系朝着正确方向发展。习近平同志就对台工作提出一系列重要理念、重大政策主张，形成新时代党解决台湾问题的总体方略。我们推动实现一九四九年以来两岸领导人首次会晤、两岸领导人直接对话沟通。党秉持“两岸一家亲”理念，推动两岸关系和平发展，出台一系列惠及广大台胞的政策，加强两岸经济文化交流合作。二〇一六年以来，台湾当局加紧进行“台独”分裂活动，致使两岸关系和平发展势头受到严重冲击。我们坚持一个中国原则和“九二共识”，坚决反对“台独”分裂行径，坚决反对外部势力干涉，牢牢把握两岸关系主导权和主动权。祖国完全统一的时和势始终在我们这一边。

实践证明，有中国共产党的坚强领导，有伟大祖国的坚强支撑，有全国各族人民包括香港特别行政区同胞、澳门特别行政区同胞和台湾同胞的同心协力，香港、澳门长期繁荣稳定一定能够保持，祖国完全统一一定能够实现。

（十三）在外交工作上

改革开放以后，党坚持独立自主的和平外交政策，为我国发展营造了良好外部环境，为人类进步事业作出重大贡献。进入新时代，国际力量对比深刻调整，单边主义、保护主义、霸权主义、强权政治对世界和平与发展威胁上升，逆全球化思潮上升，世界进入动荡变革期。党中央强调，面对复杂严峻的国际形势和前所未有的外部风险挑战，必须统筹国内国际两个大局，健全党对外事工作领导体制机制，加强对外工作顶层设计，对中国特色大国外交作出战略谋划，推动建设新型国际关系，推动构建人类命运共同体，弘扬和平、发展、公平、正义、民主、自由的全人类共同价值，引领人类进步潮流。

党把握新时代外交工作大局，紧扣服务民族复兴、促进人类进步这条主线，高举和平、发展、合作、共赢的旗帜，推进和完善全方位、多层次、立体化的外交布局，积极发展全球伙伴关系。我们运筹大国关系，推进大国协调和合作。按照亲诚惠容理念和与邻为善、以邻为伴的周边外交方针深化同周边国家关系，稳定周边战略依托，打造周边命运共同体。秉持正确义利观和真实亲诚理念加强同广大发展中国家团结合作，整体合作机制实现全覆盖。党同世界上五百多个政党和政治组织保持经常性联系，深化政党交流合作。适应“走出去”日益扩大的新形势，不断完善海外利益保护体系，有力应对了一系列海外利益风险挑战。

我国积极参与全球治理体系改革和建设，维护以联合国为核心的国际体系、以国际法为基础的国际秩序、以联合国宪章宗旨和原则为基础的国际关系基本准则，维护和践行真正的多边主义，坚决反对单边主义、保护主义、霸权主义、强权政治，积极推动经济全球化朝着更加开放、包容、普惠、平衡、共赢的方向发展。我国建设性参与国际和地区热点问题政治解决，在气候变化、减贫、反恐、网络安全和维护地区安全等领域发挥积极作用。我国开展抗击新冠肺炎疫情国际合作，发起新中国成立以来最大规模的全球紧急人道主义行动，向众多国家特别是发展中国家提供物资援助、医疗支持、疫苗援助和合作，展现负责任大国形象。

经过持续努力，中国特色大国外交全面推进，构建人类命运共同体成为引领时代潮流和人类前进方向的鲜明旗帜，我国外交在世界大变局中开创新局、在世界乱局中化危为机，我国国际影响力、感召力、塑造力显著提升。

总之，党的十八大以来，以习近平同志为核心的党中央领导全党全军全国各族人民砥砺前行，全面建成小康社会目标如期实现，党和国家事业取得历史性成就、发生历史性变革，彰显了中国特色社会主义的强大生机活力，党心军心民心空前凝聚振奋，为实现中华民族伟大复兴提供了更为完善的制度保证、更为坚实的物质基础、更为主动的精神力量。中国共产党和中国人民以英勇顽强的奋斗向世界庄严宣告，中华民族迎来了从站起来、富起来到强起来的伟大飞跃。

五、中国共产党百年奋斗的历史意义

一百年来，党始终践行初心使命，团结带领全国各族人民绘就了人类发展史上的壮美画卷，中华民族伟大复兴展现出前所未有的光明前景。

（一）党的百年奋斗从根本上改变了中国人民的前途命运。近代以后，中国人民深受三座大山压迫，被西方列强辱为“东亚病夫”。一百年来，党领导人民经过波澜壮阔的伟大斗争，中国人民彻底摆脱了被欺负、被压迫、被奴役的命运，成为国家、社会和自己命运的主人，人民民主不断发展，十四亿多人口实现全面小康，中国人民对美好生活的向往不断变为现实。今天，中国人民更加自信、自立、自强，极大增强了志气、骨气、底气，在历史进程中积累的强大能量充分爆发出来，焕发出前所未有的历史主动精神、历史创造精神，正在信心百倍书写着新时代中国发展的伟大历史。

（二）党的百年奋斗开辟了实现中华民族伟大复兴的正确道路。近代以后，创造了灿烂文明的中华民族遭遇到文明难以赓续的深重危机，呈现在世界面前的是一派衰败凋零的景象。一百年来，党领导人民不懈奋斗、不断进取，成功开辟了实现中华民族伟大复兴的正确道路。中国从四分五裂、一盘散沙到高度统一、民族团结，从积贫积弱、一穷二白到全面小康、繁荣富强，从被动挨打、饱受欺凌到独立自主、坚定自信，仅用几十年时间就走完发达国家几百年走过的工业化历程，创造了经济快速发展和社会长期稳定两大奇迹。今天，中华民族向世界展现的是一派欣欣向荣的气象，巍然屹立于世界东方。

（三）党的百年奋斗展示了马克思主义的强大生命力。马克思主义揭示了人类社会发展规律，是认识世界、改造世界的科学真理。同时，坚持和发展马克思主义，从理论到实践都需要全世界的马克思主义者进行极为艰巨、极具挑战性的努力。一百年来，党坚持把马克思主义写在自己的旗帜上，不断推进马克思主义中国化时代化，用博大胸怀吸收人类创造的一切优秀文明成果，用马克思主义中国化的科学理论引领伟大实践。马克思主义的科学性和真理性在中国得到充分检验，马克思主义的人民性和实践性在中国得到充分贯彻，马克思主义的开放性和时代性在中国得到充分彰显。马克思主义中国化时代化不断取得成功，使马克思主义以崭新形象展现在世界上，使世界范围内社会主义和资本主义两种意识形态、两种社会制度的历史演进及其较量发生了有利于社会主义的重大转变。

（四）党的百年奋斗深刻影响了世界历史进程。党和人民事业是人类进步事业的重要组成部分。一百年来，党既为中国人民谋幸福、为中华民族谋复兴，也为人类谋进步、为世界谋大同，以自强不息的奋斗深刻改变了世界发展的趋势和格局。党领导人民成功走出中国式现代化道路，创造了人类文明新形态，拓展了发展中国家走向现代化的途径，给世界上那些既希望加快发展又希望保持自身独立性的国家和民族提供了全新选择。党推动构建人类命运共同体，为解决人类重大问题，建设持久和平、普遍安全、共同繁荣、开放包容、清洁美丽的世界贡献了中国智慧、中国方案、中国力量，成为推动人类发展进步的重要力量。

（五）党的百年奋斗锻造了走在时代前列的中国共产党。党成立时只有五十多名党员，今天已成为拥有九千五百多万名党员、领导着十四亿多人口大国、具有重大全球影响力的世界第一大执政党。一百年来，党坚持性质宗旨，坚持理想信念，坚守初心使命，勇于自我革命，在生死斗争和艰苦奋斗中经受住各种风险考验、付出巨大牺牲，锤炼出鲜明政治品格，形成了以伟大建党精神为源头的精神谱系，保持了党的先进性和纯洁性，党的执政能力和领导水平不断提高，正领导中国人民在中国特色社会主义道路上不可逆转地走向中华民族伟大复兴，无愧为伟大光荣正确的党。

六、中国共产党百年奋斗的历史经验

一百年来，党领导人民进行伟大奋斗，在进取中突破，于挫折中奋起，从总结中提高，积累了宝贵的历史经验。

（一）坚持党的领导。中国共产党是领导我们事业的核心力量。中国人民和中华民族之所以能够扭转近代以后的历史命运、取得今天的伟大成就，最根本的是有中国共产党的坚强领导。历史和现实都证明，没有中国共产党，就没有新中国，就没有中华民族伟大复兴。治理好我们这个世界上最大的政党和人口最多的国家，必须坚持党的全面领导特别是党中央集中统一领导，坚持民主集中制，确保党始终总揽全局、协调各方。只要我们坚持党的全面领导不动摇，坚决维护党的核心和党中央权威，充分发挥党的领导政治优势，把党的领导落实到党和国家事业各领域各方面各环节，就一定能够确保全党全军全国各族人民团结一致向前进。

（二）坚持人民至上。党的根基在人民、血脉在人民、力量在人民，人民是党执政兴国的最大底气。民心是最大的政治，正义是最强的力量。党的最大政治优势是密切联系群众，党执政后的最大危险是脱离群众。党代表中国最广大人民根本利益，没有任何自己特殊的利益，从来不代表任何利益集团、任何权势团体、任何特权阶层的利益，这是党立于不败之地的根本所在。只要我们始终坚持全心全意为人民服务的根本宗旨，坚持党的群众路线，始终牢记江山就是人民、人民就是江山，坚持一切为了人民、一切依靠人民，坚持为人民执政、靠人民执政，坚持发展为了人民、发展依靠人民、发展成果由人民共享，坚定不移走全体人民共同富裕道路，就一定能够领导人民夺取中国特色社会主义新的更大胜利，任何想把中国共产党同中国人民分割开来、对立起来的企图就永远不会得逞。

（三）坚持理论创新。马克思主义是我们立党立国、兴党强国的根本指导思想。马克思主义理论不是教条而是行动指南，必须随着实践发展而发展，必须中国化才能落地生根、本土化才能深入人心。党之所以能够领导人民在一次次求索、一次次挫折、一次次开拓中完成中国其他各种政治力量不可能完成的艰巨任务，根本在于坚持解放思想、实事求是、与时俱进、求真务实，坚持把马克思主义基本原理同中国具体实际相结合、同中华优秀传统文化相结合，坚持实践是检验真理的唯一标准，坚持一切从实际出发，及时回答时代之问、人民之问，不断推进马克思主义中国化时代化。习近平同志指出，当代中国的伟大社会变革，不是简单延续我国历史文化的母版，不是简单套用马克思主义经典作家设想的模板，不是其他国家社会主义实践的再版，也不是国外现代化发展的翻版。只要我们勇于结合新的实践不断推进理论创新、善于用新的理论指导新的实践，就一定能够让马克思主义在中国大地上展现出更强大、更有说服力的真理力量。

（四）坚持独立自主。独立自主是中华民族精神之魂，是我们立党立国的重要原则。走自己的路，是党百年奋斗得出的历史结论。党历来坚持独立自主开拓前进道路，坚持把国家和民族发展放在自己力量的基点上，坚持中国的事情必须由中国人民自己作主张、自己来处理。人类历史上没有一个民族、一个国家可以通过依赖外部力量、照搬外国模式、跟在他人后面亦步亦趋实现强大和振兴。那样做的结果，不是必然遭遇失败，就是必然成为他人的附庸。只要我们坚持独立自主、自力更生，既虚心学习借鉴国外的有益经验，又坚定民族自尊心和自信心，不信邪、不怕压，就一定能够把中国发展进步的命运始终牢牢掌握在自己手中。

（五）坚持中国道路。方向决定道路，道路决定命运。党在百年奋斗中始终坚持从我国国情出发，探索并形成符合中国实际的正确道路。中国特色社会主义道路是创造人民美好生活、实现中华民族伟大复兴的康庄大道。脚踏中华大地，传承中华文明，走符合中国国情的正确道路，党和人民就具有无比广阔的舞台，具有无比深厚的历史底蕴，具有无比强大的前进定力。只要我们既不走封闭僵化的老路，也不走改旗易帜的邪路，坚定不移走中国特色社会主义道路，就一定能够把我国建设成为富强民主文明和谐美丽的社会主义现代化强国。

（六）坚持胸怀天下。大道之行，天下为公。党始终以世界眼光关注人类前途命运，从人类发展大潮流、世界变化大格局、中国发展大历史正确认识和处理同外部世界的关系，坚持开放、不搞封闭，坚持互利共赢、不搞零和博弈，坚持主持公道、伸张正义，站在历史正确的一边，站在人类进步的一边。只要我们坚持和平发展道路，既通过维护世界和平发展自己，又通过自身发展维护世界和平，同世界上一切进步力量携手前进，不依附别人，不掠夺别人，永远不称霸，就一定能够不断为人类文明进步贡献智慧和力量，同世界各国人民一道，推动历史车轮向着光明的前途前进。

（七）坚持开拓创新。创新是一个国家、一个民族发展进步的不竭动力。越是伟大的事业，越充满艰难险阻，越需要艰苦奋斗，越需要开拓创新。党领导人民披荆斩棘、上下求索、奋力开拓、锐意进取，不断推进理论创新、实践创新、制度创新、文化创新以及其他各方面创新，敢为天下先，走出了前人没有走出的路，任何艰难险阻都没能阻挡住党和人民前进的步伐。只要我们顺应时代潮流，回应人民要求，勇于推进改革，准确识变、科学应变、主动求变，永不僵化、永不停滞，就一定能够创造出更多令人刮目相看的人间奇迹。

（八）坚持敢于斗争。敢于斗争、敢于胜利，是党和人民不可战胜的强大精神力量。党和人民取得的一切成就，不是天上掉下来的，不是别人恩赐的，而是通过不断斗争取得的。党在内忧外患中诞生、在历经磨难中成长、在攻坚克难中壮大，为了人民、国家、民族，为了理想信念，无论敌人如何强大、道路如何艰险、挑战如何严峻，党总是绝不畏惧、绝不退缩，不怕牺牲、百折不挠。只要我们把握新的伟大斗争的历史特点，抓住和用好历史机遇，下好先手棋、打好主动仗，发扬斗争精神，增强斗争本领，凝聚起全党全国人民的意志和力量，就一定能够战胜一切可以预见和难以预见的风险挑战。

（九）坚持统一战线。团结就是力量。建立最广泛的统一战线，是党克敌制胜的重要法宝，也是党执政兴国的重要法宝。党始终坚持大团结大联合，团结一切可以团结的力量，调动一切可以调动的积极因素，促进政党关系、民族关系、宗教关系、阶层关系、海内外同胞关系和谐，最大限度凝聚起共同奋斗的力量。只要我们不断巩固和发展各民族大团结、全国人民大团结、全体中华儿女大团结，铸牢中华民族共同体意识，形成海内外全体中华儿女心往一处想、劲往一处使的生动局面，就一定能够汇聚起实现中华民族伟大复兴的磅礴伟力。

（十）坚持自我革命。勇于自我革命是中国共产党区别于其他政党的显著标志。自我革命精神是党永葆青春活力的强大支撑。先进的马克思主义政党不是天生的，而是在不断自我革命中淬炼而成的。党历经百年沧桑更加充满活力，其奥秘就在于始终坚持真理、修正错误。党的伟大不在于不犯错误，而在于从不讳疾忌医，积极开展批评和自我批评，敢于直面问题，勇于自我革命。只要我们不断清除一切损害党的先进性和纯洁性的因素，不断清除一切侵蚀党的健康肌体的病毒，就一定能够确保党不变质、不变色、不变味，确保党在新时代坚持和发展中国特色社会主义的历史进程中始终成为坚强领导核心。

以上十个方面，是经过长期实践积累的宝贵经验，是党和人民共同创造的精神财富，必须倍加珍惜、长期坚持，并在新时代实践中不断丰富和发展。

七、新时代的中国共产党

不忘初心，方得始终。中国共产党立志于中华民族千秋伟业，百年恰是风华正茂。过去一百年，党向人民、向历史交出了一份优异的答卷。现在，党团结带领中国人民又踏上了实现第二个百年奋斗目标新的赶考之路。时代是出卷人，我们是答卷人，人民是阅卷人。我们一定要继续考出好成绩，在新时代新征程上展现新气象新作为。

党的十九大对实现第二个百年奋斗目标作出分两个阶段推进的战略安排。从二〇二〇年到二〇三五年基本实现社会主义现代化，从二〇三五年到本世纪中叶把我国建成社会主义现代化强国。到那时，我国物质文明、政治文明、精神文明、社会文明、生态文明将全面提升，实现国家治理体系和治理能力现代化，成为综合国力和国际影响力领先的国家，全体人民共同富裕基本实现，我国人民将享有更加幸福安康的生活，中华民族将以更加昂扬的姿态屹立于世界民族之林。

今天，我们比历史上任何时期都更接近、更有信心和能力实现中华民族伟大复兴的目标。同时，全党必须清醒认识到，中华民族伟大复兴绝不是轻轻松松、敲锣打鼓就能实现的，前进道路上仍然存在可以预料和难以预料的各种风险挑战；必须清醒认识到，我国仍处于并将长期处于社会主义初级阶段，我国仍然是世界最大的发展中国家，社会主要矛盾是人民日益增长的美好生活需要和不平衡不充分的发展之间的矛盾。全党要牢记中国共产党是什么、要干什么这个根本问题，把握历史发展大势，坚定理想信念，牢记初心使命，始终谦虚谨慎、不骄不躁、艰苦奋斗，从伟大胜利中激发奋进力量，从弯路挫折中吸取历史教训，不为任何风险所惧，不为任何干扰所惑，决不在根本性问题上出现颠覆性错误，以咬定青山不放松的执着奋力实现既定目标，以行百里者半九十的清醒不懈推进中华民族伟大复兴。

全党必须坚持马克思列宁主义、毛泽东思想、邓小平理论、“三个代表”重要思想、科学发展观，全面贯彻习近平新时代中国特色社会主义思想，用马克思主义的立场、观点、方法观察时代、把握时代、引领时代，不断深化对共产党执政规律、社会主义建设规律、人类社会发展规律的认识。必须坚持党的基本理论、基本路线、基本方略，增强“四个意识”，坚定“四个自信”，做到“两个维护”，坚持系统观念，统筹推进“五位一体”总体布局，协调推进“四个全面”

战略布局，立足新发展阶段、贯彻新发展理念、构建新发展格局、推动高质量发展，全面深化改革开放，促进共同富裕，推进科技自立自强，发展全过程人民民主，保证人民当家作主，坚持全面依法治国，坚持社会主义核心价值体系，坚持在发展中保障和改善民生，坚持人与自然和谐共生，统筹发展和安全，加快国防和军队现代化，协同推进人民富裕、国家强盛、中国美丽。

全党必须永远保持同人民群众的血肉联系，站稳人民立场，坚持人民主体地位，尊重人民首创精神，践行以人民为中心的发展思想，维护社会公平正义，着力解决发展不平衡不充分问题和人民群众急难愁盼问题，不断实现好、维护好、发展好最广大人民根本利益，团结带领全国各族人民不断为美好生活而奋斗。

全党必须铭记生于忧患、死于安乐，常怀远虑、居安思危，继续推进新时代党的建设新的伟大工程，坚持全面从严治党，坚定不移推进党风廉政建设和反腐败斗争，勇敢面对党面临的长期执政考验、改革开放考验、市场经济考验、外部环境考验，坚决战胜精神懈怠的危险、能力不足的危险、脱离群众的危险、消极腐败的危险。必须保持越是艰险越向前的英雄气概，敢于斗争、善于斗争，逢山开道、遇水架桥，做到难不住、压不垮，推动中国特色社会主义事业航船劈波斩浪、一往无前。

党和人民事业发展需要一代代中国共产党人接续奋斗，必须抓好后继有人这个根本大计。要坚持用习近平新时代中国特色社会主义思想教育人，用党的理想信念凝聚人，用社会主义核心价值观培育人，用中华民族伟大复兴历史使命激励人，培养造就大批堪当时代重任的接班人。要源源不断培养选拔德才兼备、忠诚干净担当的高素质专业化干部特别是优秀年轻干部，教育引导广大党员、干部自觉做习近平新时代中国特色社会主义思想的坚定信仰者和忠实实践者，牢记空谈误国、实干兴邦的道理，树立不负人民的家国情怀、追求崇高的思想境界、增强过硬的担当本领。要源源不断把各方面先进分子特别是优秀青年吸收到党内来，教育引导青年党员永远以党的旗帜为旗帜、以党的方向为方向、以党的意志为意志，赓续党的红色血脉，弘扬党的优良传统，在斗争中经风雨、见世面、壮筋骨、长才干。要源源不断培养造就爱国奉献、勇于创新的优秀人才，真心爱才、悉心育才、精心用才，把各方面优秀人才集聚到党和人民的伟大奋斗中来。

党中央号召，全党全军全国各族人民要更加紧密地团结在以习近平同志为核心的党中央周围，全面贯彻习近平新时代中国特色社会主义思想，大力弘扬伟大建党精神，勿忘昨天的苦难辉煌，无愧今天的使命担当，不负明天的伟大梦想，以史为鉴、开创未来，埋头苦干、勇毅前行，为实现第二个百年奋斗目标、实现中华民族伟大复兴的中国梦而不懈奋斗。我们坚信，在过去一百年赢得了伟大胜利和荣光的中国共产党和中国人民，必将在新时代新征程上赢得更加伟大的胜利和荣光！

关于《中共中央关于党的百年奋斗重大成就和历史经验的决议》的说明

习　近　平

受中央政治局委托，我就《中共中央关于党的百年奋斗重大成就和历史经验的决议》起草的有关情况向全会作说明。

一、关于党的十九届六中全会议题的考虑

我们党历来高度注重总结历史经验。早在延安时期，毛泽东同志就指出：“如果不把党的历史搞清

楚，不把党在历史上所走的路搞清楚，便不能把事情办得更好。”在争取抗日战争最后胜利的关头，1945年，党的六届七中全会通过了《关于若干历史问题的决议》，对建党以后特别是党的六届四中全会至遵义会议前这一段党的历史及其经验教训进行了总结，对若干重大历史问题作出了结论，使全党特别是党的高级干部对中国革命基本问题的认识达到了一致，增强了全党团结，为党的七大胜利召开创造了充分条件，有力促进了中国革命事业发展。

进入改革开放新时期，邓小平同志说：“历史上成功的经验是宝贵财富，错误的经验、失败的经验也是宝贵财富。这样来制定方针政策，就能统一全党思想，达到新的团结。这样的基础是最可靠的。”1981 年，党的十一届六中全会通过了《关于建国以来党的若干历史问题的决议》，回顾了新中国成立以前党的历史，总结了社会主义革命和建设的历史经验，对一些重大事件和重要人物作出了评价，特别是正确评价了毛泽东同志和毛泽东思想，分清了是非，纠正了“左”右两方面的错误观点，统一了全党思想，对推动党团结一致向前看、更好推进改革开放和社会主义现代化建设产生了重大影响。

现在，距离第一个历史决议制定已经过去了76年，距离第二个历史决议制定也过去了40年。40年来，党和国家事业大大向前发展了，党的理论和实践也大大向前发展了。站在新的历史起点上，回顾过去，展望未来，全面总结党的百年奋斗重大成就和历史经验特别是改革开放40多年来的重大成就和历史经验，既有客观需要，也具备主观条件。

党中央认为，在党成立一百周年的重要历史时刻，在党和人民胜利实现第一个百年奋斗目标、全面建成小康社会，正在向着全面建成社会主义现代化强国的第二个百年奋斗目标迈进的重大历史关头，全面总结党的百年奋斗重大成就和历史经验，对推动全党进一步统一思想、统一意志、统一行动，团结带领全国各族人民夺取新时代中国特色社会主义新的伟大胜利，具有重大现实意义和深远历史意义。

党中央认为，党的百年奋斗历程波澜壮阔，时间跨度长，涉及范围广，需要研究的问题多。总的是要按照总结历史、把握规律、坚定信心、走向未来的要求，把党走过的光辉历程总结好，把党团结带领人民取得的辉煌成就总结好，把党推进革命、建设、改革的宝贵经验总结好，把党的十八大以来党和国家事业砥砺奋进的理论和实践总结好。具体来说，就是要深入研究党领导人民进行革命、建设、改革的百年历程，全面总结党从胜利走向胜利的伟大历史进程、为国家和民族建立的伟大历史功绩；深入研究党坚持把马克思主义基本原理同中国具体实际相结合、同中华优秀传统文化相结合，不断推进马克思主义中国化的百年历程，深化对新时代党的创新理论的理解和掌握；深入研究党不断维护党的团结、维护党中央权威和集中统一领导的百年历程，深刻领悟加强党的政治建设这个马克思主义政党的鲜明特征和政治优势；深入研究党为中国人民谋幸福、为中华民族谋复兴的百年历程，深刻认识党同人民生死相依、休戚与共的血肉联系，更好为人民谋幸福、依靠人民创造历史伟业；深入研究党加强自身建设、推进自我革命的百年历程，增强全面从严治党永远在路上的坚定和执着，确保党在新时代坚持和发展中国特色社会主义的历史进程中始终成为坚强领导核心；深入研究历史发展规律和大势，始终掌握新时代新征程党和国家事业发展的历史主动，增强锚定既定奋斗目标、意气风发走向未来的勇气和力量。

党中央认为，总结党的百年奋斗重大成就和历史经验，要坚持辩证唯物主义和历史唯物主义的方法论，用具体历史的、客观全面的、联系发展的观点来看待党的历史。要坚持正确党史观、树立大历史观，准确把握党的历史发展的主题主线、主流本质，正确对待党在前进道路上经历的失误和曲折，从成功中吸取经验，从失误中吸取教训，不断开辟走向胜利的道路。要旗帜鲜明反对历史虚无主义，加强思想引导和理论辨析，澄清对党史上一些重大历史问题的模糊认识和片面理解，更好正本清源。

对这次全会决议起草，党中央明确要求着重把握好以下几点。

第一，聚焦总结党的百年奋斗重大成就和历史经验。我们党已先后制定了两个历史决议。从建党到改革开放之初，党的历史上的重大是非问题，这两个历史决议基本都解决了，其基本论述和结论至今仍然适用。改革开放以来，尽管党的工作中也出现过一些问题，但总体上讲党和国家事业发展是顺利的，前进方向是正确的，取得的成就是举世瞩目的。基于此，这次全会决议要把着力点放在总结党的百年奋斗重大成就和历史经验上，以推动全党增长智慧、增进团结、增加信心、增强斗志。

第二，突出中国特色社会主义新时代这个重点。这次全会决议重点总结新时代党和国家事业取得的历史性成就、发生的历史性变革和积累的新鲜经验，主要考虑是，对党在新民主主义革命时期、社会主义革命和建设时期、党的十一届三中全会到党的十一届六中全会期间的历史，前两个历史决议已经作过系统总结；对改革开放和社会主义现代化建设新时期的成就和经验，党的十一届三中全会召开二十周年、三十周年时党中央都进行了认真总结，我在庆祝改革开放四十周年大会上发表讲话，也作了系统总结。因此，对党的十八大之前的历史时期，这次全会决议要在已有总结和结论的基础上进行概述。突出中国特色社会主义新时代这个重点，有利于引导全党进一步坚定信心，聚焦我们正在做的事情，以更加昂扬的姿态迈进新征程、建功新时代。

第三，对重大事件、重要会议、重要人物的评价注重同党中央已有结论相衔接。关于党的十八大之前党的历史上的重大事件、重要会议、重要人物，前两个历史决议、党的一系列重要文献都有过大量论述，都郑重作过结论。这次全会决议坚持这些基本论述和结论。党的十八大以来，我在庆祝中国共产党成立九十五周年大会、庆祝中国人民解放军建军九十周年大会、庆祝中华人民共和国成立七十周年大会特别是庆祝中国共产党成立一百周年大会等重要会议上，对党的历史都作过总结和论述，体现了党中央对党的百年奋斗的新认识。这次全会决议要体现这些新认识。

二、决议稿起草过程

今年 3 月，中央政治局决定，党的十九届六中全会重点研究全面总结党的百年奋斗重大成就和历史经验问题，成立文件起草组，由我担任组长，王沪宁、赵乐际同志担任副组长，党和国家有关领导同志及有关中央部门和地方负责同志参加，在中央政治局常委会领导下承担文件起草工作。

4月1日，党中央发出《关于对党的十九届六中全会重点研究全面总结党的重大成就和历史经验问题征求意见的通知》，在党内外一定范围征求意见。

从反馈意见看，各地区各部门各方面一致认为，党中央决定通过召开十九届六中全会，全面总结党的百年奋斗重大成就和历史经验，是郑重的历史性、战略性决策，充分体现党牢记初心使命、永葆生机活力的坚强意志和坚定决心，充分体现党深刻把握历史发展规律、始终掌握党和国家事业发展的历史主动和使命担当，充分体现党立足当下、着眼未来、注重总结和运用历史经验的高瞻远瞩和深谋远虑。一致赞成这次全会着重总结党的百年奋斗重大成就和历史经验，并就决议需要研究解决的重大问题提出了许多好的意见和建议。

各地区各部门各方面普遍认为，一百年来，党团结带领人民在革命、建设、改革各个历史时期持续奋斗，创造了彪炳中华民族发展史、世界社会主义发展史、人类社会发展史的奇迹，彻底扭转了近代以来中华民族的历史进程，生动谱写了世界社会主义历史发展的壮丽篇章，成功开辟了马克思主义新境界，为实现中华民族伟大复兴建立了不朽功业，为促进人类进步作出了重大贡献。在这一伟大征程中，党和人民积累了极其丰富的宝贵历史经验。这些都值得系统总结。各地区各部门各方面建议，这次全会在全面总结党的百年奋斗重大成就和历史经验的基础上，重点总结新时代党和国家事业取得的历史性成就、发生的历史性变革及新鲜经验。

按照党中央部署，文件起草组认真学习党的重要历史文献，充分吸纳各地区各部门各方面意见和建议，深入研究重大问题，认真开展决议稿起草工作。

9月6日，根据中央政治局会议决定，决议征求意见稿下发党内一定范围征求意见，包括征求党内部分老同志意见，还专门听取了各民主党派中央、全国工商联负责人和无党派人士代表意见。

从反馈意见情况看，各地区各部门各方面对决议征求意见稿给予充分肯定，一致赞成决议稿的框架结构和主要内容。一致认为，决议稿最鲜明的特点是实事求是、尊重历史，反映了党的百年奋斗的初心使命，符合历史事实；决议稿对重大事件、重要会议、重要人物的论述和评价，同党的历史文献既有论述和结论相衔接，体现了党的十八大以来党中央关于党的历史的新认识。决议稿总结概括的“中国共产党百年奋斗的历史意义”，全面、深刻、系统反映了党对中国、对人类作出的历史性贡献；总结概括的“中国共产党百年奋斗的历史经验”，贯通历史、现在、未来，具有重大的历史意义和现实指导意义。

各地区各部门各方面普遍认为，决议稿是新时代中国共产党人牢记初心使命、坚持和发展中国特色社会主义的政治宣言，是以史为鉴、开创未来、实现中华民族伟大复兴的行动指南，同党的前两个历史决议既一脉相承又与时俱进，必将激励全党在新时代新征程上争取更大荣光。

在征求意见过程中，各地区各部门各方面提出许多好的意见和建议。文件起草组逐条分析这些意见和建议，做到能吸收的尽量吸收。经反复研究推敲，对决议稿作出547处修改，充分反映了各地区各部门各方面意见和建议。

在决议稿起草过程中，中央政治局常委会召开 3 次会议、中央政治局召开 2 次会议进行审议，形成了提交这次全会审议的决议稿。

三、决议稿的基本框架和主要内容

决议稿除序言和结束语之外，共有 7 个部分。

第一部分“夺取新民主主义革命伟大胜利”。阐明这一时期党面临的主要任务是，反对帝国主义、封建主义、官僚资本主义，争取民族独立、人民解放，为实现中华民族伟大复兴创造根本社会条件。分析党产生的历史背景，总结党领导人民在建党之初和大革命时期、土地革命战争时期、抗日战争时期、解放战争时期进行革命斗争的历史进程和创造的伟大成就，以及创立毛泽东思想、实施和推进党的建设伟大工程的重大成就。强调成立中华人民共和国，实现民族独立、人民解放，实现了中国从几千年封建专制政治向人民民主的伟大飞跃；中国共产党和中国人民以英勇顽强的奋斗向世界庄严宣告，中国人民从此站起来了，中华民族任人宰割、饱受欺凌的时代一去不复返了，中国发展从此开启了新纪元。

第二部分“完成社会主义革命和推进社会主义建设”。阐明这一时期党面临的主要任务是，实现从新民主主义到社会主义的转变，进行社会主义革命，推进社会主义建设，为实现中华民族伟大复兴奠定根本政治前提和制度基础。总结新中国成立后党领导人民战胜一系列严峻挑战、巩固新生政权，成功完成社会主义改造、建立社会主义制度，开展全面的大规模的社会主义建设，打开对外工作新局面的历史进程和创造的伟大成就。总结党加强执政党建设所作的努力和积累的初步经验，在阐述这一时期党取得的独创性理论成果的基础上，对毛泽东思想进行科学评价。强调这一时期党领导人民创造的伟大成就，实现了一穷二白、人口众多的东方大国大步迈进社会主义社会的伟大飞跃；中国共产党和中国人民以英勇顽强的奋斗向世界庄严宣告，中国人民不但善于破坏一个旧世界、也善于建设一个新世界，只有社会主义才能救中国，只有社会主义才能发展中国。

第三部分“进行改革开放和社会主义现代化建设”。阐明这一时期党面临的主要任务是，继续探索中国建设社会主义的正确道路，解放和发展社会生产力，使人民摆脱贫困、尽快富裕起来，为实现中华民族伟大复兴提供充满新的活力的体制保证和快速发展的物质条件。强调党的十一届三中全会的历史意义，总结以邓小平同志为主要代表的中国共产党人、以江泽民同志为主要代表的中国共产党人、以胡锦涛同志为主要代表的中国共产党人作出的历史贡献，从党领导全面开展拨乱反正、形成中国特色社会主义理论体系、推进改革开放和社会主义现代化建设、从容应对关系我国改革发展稳定全局的一系列风险考验、推进祖国统一大业、维护世界和平与促进共同发展、开创和推进党的建设新的伟大工程等方面，展现新时期波澜壮阔的历史画卷和举世瞩目的伟大成就。强调这一时期党领导人民创造的伟大成就，推进了中华民族从站起来到富起来的伟大飞跃；中国共产党和中国人民以英勇顽强的奋斗向世界庄严宣告，改革开放是决定当代中国前途命运的关键一招，中国特色社会主义道路是指引中国发展繁荣的正确道路，中国大踏步赶上了时代。

第四部分“开创中国特色社会主义新时代”。阐明这一时期党面临的主要任务是，实现全面建成小康社会的第一个百年奋斗目标，开启全面建成社会主义现代化强国的第二个百年奋斗目标新征程，朝着实现中华民族伟大复兴的宏伟目标继续前进。阐述中国特色社会主义新时代这一我国发展新的历史方位，概括党的十八大以来党的理论创新成果，深入分析新时代党面临的形势、面对的风险挑战，从坚持党的全面领导、全面从严治党、经济建设、全面深化改革开放、政治建设、全面依法治国、文化建设、社会建设、生态文明建设、国防和军队建设、维护国家安全、坚持“一国两制”和推进祖国统一、外交工作等13个方面，分领域总结新时代党和国家事业取得的历史性成就、发生的历史性变革，重点总结九年来的原创性思想、变革性实践、突破性进展、标志性成果。强调这一时期党领导人民创造的伟大成就，为实现中华民族伟大复兴提供了更为完善的制度保证、更为坚实的物质基础、更为主动的精神力量；中国共产党和中国人民以英勇顽强的奋斗向世界庄严宣告，中华民族迎来了从站起来、富起来到强起来的伟大飞跃。

第五部分“中国共产党百年奋斗的历史意义”。在全面回顾总结党的百年奋斗历程和重大成就基础上，以更宏阔的视角，总结党的百年奋斗的历史意义，即党的百年奋斗从根本上改变了中国人民的前途命运、开辟了实现中华民族伟大复兴的正确道路、展示了马克思主义的强大生命力、深刻影响了世界历史进程、锻造了走在时代前列的中国共产党，阐述党对中国人民、对中华民族、对马克思主义、对人类进步事业、对马克思主义政党建设所作的历史性贡献。这五条概括，既立足中华大地，又放眼人类未来，体现了中国共产党和中国人民、中华民族的关系，体现了中国共产党和马克思主义、世界社会主义、人类社会发展的关系，贯通了中国共产党百年奋斗的历史逻辑、理论逻辑、实践逻辑。

第六部分“中国共产党百年奋斗的历史经验”。概括了具有根本性和长远指导意义的十条历史经验，即坚持党的领导、坚持人民至上、坚持理论创新、坚持独立自主、坚持中国道路、坚持胸怀天下、坚持开拓创新、坚持敢于斗争、坚持统一战线、坚持自我革命。这十条历史经验是系统完整、相互贯通的有机整体，揭示了党和人民事业不断成功的根本保证，揭示了党始终立于不败之地的力量源泉，揭示了党始终掌握历史主动的根本原因，揭示了党永葆先进性和纯洁性、始终走在时代前列的根本途径。强调这十条历史经验是经过长期实践积累的宝贵经验，是党和人民共同创造的精神财富，必须倍加珍惜、长期坚持，并在新时代实践中不断丰富和发展。

第七部分“新时代的中国共产党”。围绕实现第二个百年奋斗目标，强调全党要以咬定青山不放松的执着奋力实现既定目标，以行百里者半九十的清醒不懈推进中华民族伟大复兴；强调必须坚持党的基本理论、基本路线、基本方略，立足新发展阶段、贯彻新发展理念、构建新发展格局、推动高质量发展，协同推进人民富裕、国家强盛、中国美丽；强调必须永远保持同人民群众的血肉联系，不断实现好、维护好、发展好最广大人民根本利益；强调必须铭记生于忧患、死于安乐，常怀远虑、居安思危，继续推进新时代党的建设新的伟大工程；强调必须抓好后继有人这个根本大计。号召全党全军全国各族人民勿忘昨天的苦难辉煌，无愧今天的使命担当，不负明天的伟大梦想，以史为鉴、开创未来，埋头苦干、勇毅前行，为实现第二个百年奋斗目标、实现中华民族伟大复兴的中国梦而不懈奋斗。

同志们！审议通过这个决议，是这次全会的主要任务。大家要贯彻落实党中央要求，贯通把握历史、现在、未来，深入思考、深入研讨，聚精会神、集思广益，提出建设性意见和建议，共同把这次全会开好、把决议稿修改好。

COMMUNIQUÉ OF THE SIXTH PLENARY SESSION OF THE 19TH CENTRAL COMMITTEE OF THE COMMUNIST PARTY OF CHINA

(Adopted at the Sixth Plenary Session of the 19th Central Committee of the Communist Party of China on November 11, 2021)

The 19th Central Committee of the Communist Party of China convened its sixth plenary session in Beijing from November 8 to 11, 2021.

A total of 197 members and 151 alternate members of the Central Committee attended the session. Members of the Standing Committee of the Central Commission for Discipline Inspection and leading officials of other relevant departments were present at the meeting in a non-voting capacity. Some of our colleagues working at the primary level who were delegates to the 19th National Party Congress, along with a number of experts and scholars, also attended the meeting in a non-voting capacity.

The Political Bureau of the Central Committee presided over the meeting. General Secretary of the Central Committee Xi Jinping delivered important addresses.

At the session, the Central Committee heard and discussed the report on the work of the Political Bureau, presented by Xi Jinping on behalf of the Political Bureau, and considered and adopted the Resolution of the Central Committee of the Communist Party of China on the Major Achievements and Historical Experience of the Party over the Past Century and the Resolution on the Convocation of the 20th National Congress of the Communist Party of China. Xi Jinping delivered explanatory remarks on the draft version of the former.

At the session, the Central Committee fully affirmed the work that its Political Bureau has carried out since the fifth plenary session of the 19th Central Committee. It was unanimously agreed that the external environment has grown increasingly complex and grave over the past year under the combined impact of worldwide changes of a scale unseen in a century and the global coronavirus pandemic, while China has faced extremely arduous tasks in Covid-19 prevention and control as well as economic and social development at home. The Political Bureau has held high the great banner of socialism with Chinese characteristics; followed the guidance of Marxism-Leninism, Mao Zedong Thought, Deng Xiaoping Theory, the Theory of Three

Represents, the Scientific Outlook on Development, and Xi Jinping Thought on Socialism with Chinese Characteristics for a New Era; and fully implemented the guiding principles of the 19th National Party Congress and the second, third, fourth, and fifth plenary sessions of the 19th Central Committee.

The Political Bureau has given full consideration to both domestic and international imperatives, coordinated the Covid-19 response with economic and social development, and placed equal emphasis on development and security. It has continued to follow the general principle of pursuing progress while ensuring stability, fully applied the new development philosophy, and accelerated efforts to foster a new pattern of development. The economy has maintained good momentum, positive advances have been made in building up China's scientific and technological self-reliance, and further progress has been achieved in reform and opening up. A complete victory has been secured in the fight against extreme poverty as scheduled, the people's wellbeing has been further improved, social stability has been maintained, steady progress was made in modernizing national defense and the armed forces, and China's major-country diplomacy has advanced on all fronts. The campaign on studying the Party's history has produced solid results, and severe natural disasters of multiple categories have been dealt with effectively. Through these efforts, significant progress has been made in all areas of the

Party and country's endeavors.

A series of celebrations have been held to mark the centenary of the Party. In his speech on July 1, General Secretary Xi Jinping announced that China has achieved the First Centenary Goal of building a moderately prosperous society in all respects, and he encouraged all Party members and the Chinese people of all ethnic groups to set out on a new journey toward the Second Centenary Goal in confident strides.

At the session, the Central Committee explained that a review of the Party's major achievements and historical experience over the past century is necessary for the following purposes:

- starting a new journey to build China into a modern socialist country in all respects in the historical context of the Party's centenary;
- upholding and developing socialism with Chinese characteristics in the new era;
- strengthening our consciousness of the need to maintain political integrity, think in big-picture terms, follow the leadership core, and keep in alignment with the central Party leadership;
- enhancing our confidence in the path, theory, system, and culture of socialism with Chinese characteristics;
- resolutely upholding Comrade Xi Jinping's core position on the Party Central Committee and in

the Party as a whole and upholding the Central Committee's authority and its centralized, unified leadership to ensure that all Party members act in unison;

- advancing reform within the Party, building all Party members' fighting capacity and strengthening their ability to respond to risks and challenges, and maintaining the Party's vigor and vitality; and
- uniting and leading all Chinese people in making continued efforts to realize the Chinese Dream of national rejuvenation.

All Party members should remain true to historical materialism and have a correct understanding of the Party's history. Looking back on the Party's endeavors over the past century, we can see why we were successful in the past and how we can continue to succeed in the future. This will ensure that we act with greater resolve and a stronger sense of purpose in staying true to our Party's founding mission and that we more effectively uphold and develop socialism with Chinese characteristics in the new era.

It was highlighted at the session that since its founding in 1921, the Communist Party of China has remained true to its original aspiration and founding mission of seeking happiness for the Chinese people and rejuvenation for the Chinese nation. Staying committed to communist ideals and socialist convictions, it has united and led Chinese people of all ethnic groups in working tirelessly to achieve national independence and liberation, and then to make our country prosperous and strong, and pursue a better life. The past century has been a glorious journey. The endeavors of the Party and the people over the past century represent the most magnificent chapter in the millennia-long history of the Chinese nation.

It was stated at the session that in the period of the new-democratic revolution (1921–1949), the main tasks of the Party were to oppose imperialism, feudalism, and bureaucrat-capitalism, seek national independence and the people's liberation, and create the fundamental social conditions necessary for realizing the rejuvenation of the Chinese nation. In the course of the revolutionary struggle, Chinese communists, with Comrade Mao Zedong as their chief representative, adapted the basic tenets of Marxism-Leninism to China's realities and developed a theoretical synthesis drawn from China's unique experience gained over difficult trials and great sacrifices. They blazed the right revolutionary path of encircling cities from the countryside and seizing state power with military force. They established Mao Zedong Thought, which charted the right course for securing victory in the new-democratic revolution. The Party has led the people in achieving great success in the new-democratic revolution through fierce battles and unyielding struggles, establishing the People's Republic of

China, and realizing the independence of the Chinese nation and the liberation of the Chinese people. This put an end to China's history as a semi-colonial, semi-feudal society, to the rule of a small minority of exploiters over the working people, to the state of total disunity that had plagued the old China, and to all the unequal treaties imposed on our country by foreign powers and all the privileges that imperialist powers enjoyed on our land, marking China's great transformation from a millennia-old feudal autocracy to a people's democracy. This also reshaped the global political landscape and inspired oppressed nations and peoples struggling for liberation around the world.

Through tenacious struggle, the Party and the people showed the world that the Chinese people had stood up and the time in which the Chinese nation could be bullied and abused was gone and would never return. This marked the beginning of a new epoch in China's development.

It was stated at the session that in the period of socialist revolution and construction (1949–1978), the main tasks of the Party were to realize the transformation from new democracy to socialism, carry out socialist revolution, promote socialist construction, and lay down the fundamental political conditions and the institutional foundations necessary for national rejuvenation. During this period, Chinese communists, with Comrade Mao Zedong as their chief representative, put forward a series of important theories for socialist construction. Mao Zedong Thought represents a creative application and advancement of Marxism-Leninism in China. It is a summation of theories, principles, and experience on China's revolution and construction that have been proven correct through practice, and its establishment marked the first historic step in adapting Marxism to the Chinese context.

The Party has led the people in achieving great success in socialist revolution and construction through self-reliance and a determination to build a stronger China. This brought about the most extensive and profound social change in the history of the Chinese nation and transformed a poor and backward Eastern country with a large population to a socialist society. Moreover, an independent and relatively complete industrial system and national economic framework were established, the conditions of agricultural production were markedly improved, and impressive progress was made in social programs such as education, science, culture, health, and sports. The People's Liberation Army continued to grow in strength, and the humiliating diplomacy of the old China was put to an end.

Through tenacious struggle, the Party and the people showed the world that the Chinese people were not only capable of dismantling the old world, but also of building a new one, and that only socialism could save China, and only socialism could develop China.

It was stated at the session that in the new period of reform, opening up, and socialist modernization (1978–2012), the main tasks facing the Party were to continue looking for a right path for building socialism in China, unleash and develop the productive forces, lift the people out of poverty and help them become prosperous in the shortest time possible, and fuel the push toward national rejuvenation by providing new, dynamic institutional guarantees as well as the material conditions for rapid development.

After the third plenary session of the 11th Central Committee, Chinese communists, with Comrade Deng Xiaoping as their chief representative, united and led the whole Party and the entire nation in conducting a thorough review of the experience gained and lessons learned since the founding of the People's Republic. On this basis, and by addressing the fundamental issues of what socialism is and how to build it and by drawing lessons from the history of world socialism, they established Deng Xiaoping Theory. They endeavored to free people's minds and seek truth from facts. A historic decision was made to shift the focus of the Party and the country's work agenda onto economic development and to launch the reform and opening up drive. Chinese communists made known the essence of socialism, set the basic line for the primary stage of socialism, and declared that China would follow its own path and build socialism with Chinese characteristics. They provided sound answers to a series of basic questions on building socialism with Chinese characteristics and formulated a three-step development strategy for basically achieving socialist modernization by the middle of the 21st century. They thus succeeded in founding socialism with Chinese characteristics.

It was stated at the session that after the fourth plenary session of the 13th Central Committee in 1989, Chinese communists, with Comrade Jiang Zemin as their chief representative, united and led the whole Party and the entire nation in implementing the Party's basic theory and basic line. They deepened their understanding of what socialism is and how to build it and of what kind of party to build and how to build it, and, on this basis, they formed the Theory of Three Represents. In the face of complex domestic and international situations and serious setbacks in world socialism, they safeguarded socialism with Chinese characteristics. They defined building a socialist market economy as an objective of reform and set a corresponding basic framework, established a basic economic system for the primary stage of socialism under which public ownership is the mainstay and diverse forms of ownership develop together, and set up an income distribution system under which distribution according to work is the mainstay while multiple forms of distribution exist alongside it. They opened up new horizons for reform and opening up across all fronts and advanced the great new project of Party building. Thanks to these efforts, socialism with Chinese characteristics was successfully brought into the 21st century.

It was stated at the session that after the 16th National Party Congress in 2002, Chinese communists, with Comrade Hu Jintao as their chief representative, united and led the whole Party and the entire nation in advancing practical, theoretical, and institutional innovations in the course of building a moderately prosperous society in all respects. They gained a deep understanding of major questions, such as what kind of development to pursue and how to pursue it under new circumstances, and they provided clear answers to these questions, thus forming the Scientific Outlook on Development. Making full use of an important period of strategic opportunity, they focused their energy on development, with emphasis on pursuing comprehensive, balanced, and sustainable development that put the people first. They worked hard to ensure and improve people's wellbeing, promote social fairness and justice, bolster the Party's governance capacity, and maintain its advanced nature. In doing so, they succeeded in upholding and developing socialism with Chinese characteristics under new circumstances.

It was stressed at the session that in this period, the Party upheld and developed Marxism in light of new practices and the features of the times, and answered a series of basic questions regarding socialism with Chinese characteristics. These included development path, stage of development, fundamental tasks, development drivers, development strategies, political guarantees, national reunification, foreign relations, international strategy, leadership, and forces to rely on. Thus the Party formed the theory of socialism with Chinese characteristics and achieved a new breakthrough in adapting Marxism to the Chinese context.

The Party has led the people in achieving great success in reform, opening up, and socialist modernization by freeing minds and forging ahead. China achieved a historic transformation, from a highly centralized planned economy into a socialist market economy brimming with vitality, and from a country that was largely isolated into one that is open to the outside world across the board. China achieved the historic transformation from a country with relatively backward productive forces to the world's second largest economy, and it made the historic strides of raising the living standards of its people from bare subsistence to moderate prosperity in general and then toward moderate prosperity in all respects. All these achievements represent the tremendous advance of the Chinese nation from standing up to growing prosperous.

Through tenacious struggle, the Party and the people

showed the world that reform and opening up is a crucial move in making China what it is today, that socialism with Chinese characteristics is the right path that has led the country to development and prosperity, and that China has caught up with the times in great strides.

It was stated at the session that following the Party's 18th National Congress in 2012, socialism with Chinese characteristics entered a new era. The main tasks facing the Party in this period are to fulfill the First Centenary Goal, to embark on the new journey to accomplish the Second Centenary Goal, and to continue striding toward the great goal of national rejuvenation. The Party has led the people in achieving great success for socialism with Chinese characteristics in the new era through self-confidence, self-reliance, and innovation on the basis of what has worked in the past.

It was stressed at the session that Chinese communists, with Comrade Xi Jinping as their chief representative, have established Xi Jinping Thought on Socialism with Chinese Characteristics for a New Era on the basis of adapting the basic tenets of Marxism to China's realities and fine traditional culture, upholding Mao Zedong Thought, Deng Xiaoping Theory, the Theory of Three Represents, and the Scientific Outlook on Development, thoroughly reviewing and fully applying the historical experience gained since the founding of the Party, and proceeding from new realities.

Comrade Xi Jinping, through meticulous assessment and deep reflection on a number of major theoretical and practical questions regarding the cause of the Party and the country in the new era, has set forth a series of original new ideas, thoughts, and strategies on national governance revolving around the following major questions of our times: what kind of socialism with Chinese characteristics we should uphold and develop in this new era, what kind of great modern socialist country we should build, and what kind of long-term governing Marxist party we should build, as well as how we should go about achieving these tasks. He is thus the principal founder of Xi Jinping Thought on Socialism with Chinese Characteristics for a New Era. This is the Marxism of contemporary China and of the 21st century. It embodies the best of this era's Chinese culture and ethos and represents a new breakthrough in adapting Marxism to the Chinese context. The Party has established Comrade Xi Jinping's core position on the Party Central Committee and in the Party as a whole, and established the guiding role of Xi Jinping Thought on Socialism with Chinese Characteristics for a New Era. This reflects the common will of the Party, the armed forces, and Chinese people of all ethnic groups, and it is of decisive significance for advancing the cause of the Party and the country in the new era and for advancing the historic process of national rejuvenation.

It was stated at the session that the Central Committee with Comrade Xi Jinping at its core has demonstrated great historical initiative, tremendous political courage, and a strong sense of mission. Keeping in mind both domestic and international imperatives, the Central Committee has implemented the Party's basic theory, line, and policy and provided unified leadership for our great struggle, our great project, our great cause, and our great dream. Acting on the general principle of pursuing progress while ensuring stability, it has introduced a raft of major principles and policies, launched a host of major initiatives, pushed ahead with many major tasks, and overcome a number of major risks and challenges. It has solved many tough problems that were long on the agenda but were never resolved and accomplished many things that were wanted but never got done. With this, it has prompted historic achievements and historic shifts in the cause of the Party and the country.

It was stressed at the session that since the Party's 18th National Congress, with regard to upholding the Party's overall leadership, the Central Committee's authority and its centralized, unified leadership have remained robust, the Party's leadership systems have improved, and the way in which the Party exercises its leadership has been further improved. There is greater unity among all Party members in terms of thinking, political resolve, and action, and the Party has significantly boosted its capacity to provide political leadership, give theoretical guidance, organize the people, and inspire society.

With regard to exercising full and rigorous self-governance, the Party's ability to improve and reform itself and maintain its integrity has been significantly strengthened, and the problem of lax and weak governance over Party organizations has been addressed at the fundamental level. An overwhelming victory has thus been achieved in the fight against corruption, and this momentum has been consolidated across the board. Through revolutionary tempering, our Party has grown stronger.

With regard to pursuing economic development, our economic development has become much more balanced, coordinated, and sustainable. China's economic strength, scientific and technological capabilities, and composite national strength have reached new heights. Our economy is now on a path of higher-quality development that is more efficient, equitable, sustainable, and secure.

With regard to deepening reform and opening up, the Party has steadily promoted broader and deeper reform across the board. The system of socialism with Chinese characteristics is now more mature and well-defined, and the modernization of China's system and capacity for governance has reached a higher level. The cause of the Party and the country is now full of fresh vitality.

With regard to advancing political work, we have actively developed whole-process people's democracy, made all around progress in improving the institutions, standards, and procedures of China's socialist democracy, and given better play to the strengths of the Chinese socialist political system. As a result, our political stability, unity, and dynamism have been reinforced and grown stronger.

With regard to comprehensively advancing law-based governance, the system of socialist rule of law with Chinese characteristics has constantly been improved, solid progress has been made in advancing the rule of law in China, and the Party's ability to lead and govern the country with law-based approaches has been notably enhanced.

With regard to developing the cultural sector, there has been a sweeping and fundamental ideological shift, a notable boost in confidence in our culture among all Party members and all Chinese people, and a major increase in cohesiveness throughout society. All of this has provided solid ideological backing and powerful inspiration for opening up new horizons for the cause of the Party and the country in the new era.

With regard to promoting social advancement, the people's lives have improved in all aspects, public participation in social governance is growing, and social governance is becoming smarter, more law-based, and more specialized. We have continued to develop an atmosphere in which people live and work in peace and contentment and social stability and order prevail. As a result, China's miracle of long-term social stability has continued.

With regard to promoting ecological advancement, the Central Committee has devoted greater efforts than ever before to ecological conservation and made significant advances in building a Beautiful China. Thanks to these efforts, we have made sweeping, historic, and transformative advances in environmental protection.

With regard to strengthening national defense and the armed forces, the people's military has gone through an all-around revolutionary restructuring and embarked on a new journey. China's defense capabilities have grown in step with its economic strength. With an indomitable fighting spirit, the people's military has taken concrete actions to safeguard China's sovereignty, security, and development interests, thereby firmly carrying out its missions in the new era.

With regard to safeguarding national security, we have enhanced national security on all fronts and overcome many risks, challenges, and trials in politics, economy, ideology, and nature. This has provided powerful safeguards for the Party and the country to thrive and enjoy long-term stability.

With regard to upholding the One Country, Two Systems policy and advancing national reunification, the

Central Committee has adopted a series of measures to address both the symptoms and root causes of relevant issues and ensured resolute implementation of the principle of patriots administering Hong Kong and Macao. These moves have helped to restore order in Hong Kong and ensure a turn for the better in the region. All this has laid a solid foundation for advancing law-based governance in Hong Kong and Macao and for securing steady and continued success of the One Country, Two Systems policy. Upholding the one-China principle and the 1992 Consensus, we firmly oppose separatist activities seeking "Taiwan independence" and firmly oppose foreign interference. We have maintained the initiative and the ability to steer in cross-Strait relations.

With regard to bolstering the diplomatic front, we have advanced major-country diplomacy with Chinese characteristics on all fronts. The vision of a human community with a shared future has become a banner leading trends of the times and human progress. China has broken new ground in conducting diplomacy amid profound global changes and turned crises into opportunities in a volatile international environment. China's international influence, appeal, and power to shape have all grown markedly.

Through tenacious struggle, the Party and the people have shown the world that the Chinese nation has achieved the tremendous transformation: it has stood up and grown prosperous, and it is becoming strong.

At the session, the historical significance of the Party's endeavors over the past century was highlighted as follows:

They have fundamentally transformed the future of the Chinese people, who have been freed from bullying, oppression, and subjugation, become the masters of the country, of society, and of their own fate, and are now seeing their aspirations for a better life become a reality.

They have opened up the right path for achieving rejuvenation of the Chinese nation, enabling China to complete a process of industrialization that took developed countries several centuries in the space of mere decades, and bringing about the two miracles of rapid economic growth and enduring social stability.

They have demonstrated the strong vitality of Marxism. In China, Marxism has been fully tested as a scientific truth, its people-centered and practical nature has been brought into full play, and its open nature and contemporary relevance have been fully demonstrated.

They have had a profound influence on the course of world history. The Party has led the people in pioneering a distinctively Chinese path to modernization, creating a new model for human advancement, and expanding the channels for developing countries to achieve modernization.

They have made the Party a forerunner of the times. The Party has developed a long line of inspiring principles originating from its great founding spirit, preserved its advanced nature and integrity, and kept improving its governance and leadership capacity. The Party has proven to be a great, glorious, and correct party.

It was stated at the session that over the past century, the Party has led the people through great endeavors. In this process, the Party has gained valuable historical experience. This covers the following ten aspects: upholding the Party's leadership, putting the people first, advancing theoretical innovation, staying independent, following the Chinese path, maintaining a global vision, breaking new ground, standing up for ourselves, promoting the united front, and remaining committed to self-reform. These ten points represent valuable practical experience we have gained over the years, and they are a rich source of inspiration created by the Party and the people together. We must cherish them, uphold them over the long term, and continue to enrich and develop them through practice in the new era.

It was stated at the session that to accomplish the Party's mission, we must never forget why we started. The Communist Party of China remains focused on achieving lasting greatness for the Chinese nation, and, a hundred years on from its founding, the Party is in its prime. Over the past century, the Party has secured extraordinary historical achievements on behalf of the people. Today, it is rallying and leading the Chinese people on a new journey to realize the Second Centenary Goal.

Every Party member must bear in mind what the Party is and what its mission is; these are issues of fundamental importance that we must never lose sight of. We must have a good grasp of historical trends, stand firm in our ideals and convictions, and stay true to our Party's founding mission. We must remain modest and prudent, guard against arrogance and rashness, and work hard. We must not be intimidated by any risks or led astray by any distractions, and we must be absolutely certain that we make no catastrophic mistakes on fundamental issues. With the determination to never let up until we reach our goals and the attitude that one who has walked 90 *Li* of a 100-*Li* journey is only halfway there, we must make unremitting efforts to rejuvenate the Chinese nation.

It was stressed at the session that the whole Party must uphold Marxism-Leninism, Mao Zedong Thought, Deng Xiaoping Theory, the Theory of Three Represents, and the Scientific Outlook on Development and fully implement Xi Jinping Thought on Socialism with Chinese Characteristics for a New Era. We must use Marxist positions, viewpoints, and methods to observe, understand, and steer the trends of the times, and we must constantly deepen our understanding of the laws underlying governance by a communist party, the building of socialism, and the development of human society.

We must adhere to the basic theory, line, and policy of the Party; strengthen our consciousness of the need to maintain political integrity, think in big-picture terms, follow the leadership core, and keep in alignment with the central Party leadership; stay confident in the path, theory, system, and culture of socialism with Chinese characteristics; and uphold Comrade Xi Jinping's core position on the Party Central Committee and in the Party as a whole, and uphold the Central Committee's authority and its centralized, unified leadership.

We should continue to apply systems thinking and ensure coordinated implementation of the Five-Sphere Integrated Plan and the Four-Pronged Comprehensive Strategy. We need to ground our work in this new stage of development, apply the new development philosophy, foster a new pattern of development, and promote high-quality development. We should deepen reform and opening up across the board, promote common prosperity for all, and build up our country's strength in science and technology. We should develop whole-process people's democracy and ensure it is the people who run the country. We should continue to advance law-based governance in all respects, uphold the core socialist values, ensure and enhance people's wellbeing in the course of development, and promote harmony between humanity and nature. We need to ensure security while pursuing development, move faster to modernize the national defense and the armed forces, and take well-coordinated steps toward making our people prosperous, our nation strong, and our country beautiful.

It was stressed at the session that the entire Party must forever maintain close ties with the people and act in line with the people-centered philosophy of development, so as to better realize, safeguard, and advance the fundamental interests of the overwhelming majority of the people, and unite and lead all Chinese people in working ceaselessly for a better life. All Party members must keep in mind that one thrives in adversity and perishes in laxity, see things from a long-term, strategic perspective, and always remain mindful of potential dangers. We will continue to advance the great new project of Party building in the new era, exercise full and rigorous self-governance, and remain committed to improving Party conduct, upholding integrity, and combating corruption. We must be able to overcome all difficulties and withstand all pressures, so that we can steer the great ship of socialism with Chinese characteristics to cleave the waves and sail ahead with unstoppable momentum.

The Central Committee decided at the session that the Communist Party of China will convene its 20th National Congress in Beijing in the second half of 2022, and stated that this congress, which is to be held at an important time when the Party has embarked on a new journey to build a modern socialist country in all respects and to realize the Second

Centenary Goal, will be a highly important meeting and an event of great political significance for both the Party and the country. The entire Party must unite and lead the Chinese people in surmounting difficulties and forging ahead so as to make new and greater contributions toward building a modern socialist country in all respects, securing great success for socialism with Chinese characteristics in the new era, and realizing the Chinese Dream of national rejuvenation, and to ensure that excellent results are achieved by the time the 20th National Congress is convened.

The Central Committee calls upon the entire Party, the military, and all Chinese people to rally more closely around the Central Committee with Comrade Xi Jinping at its core, to fully implement Xi Jinping Thought on Socialism with Chinese Characteristics for a New Era, and to champion the great founding spirit of the Party. We will always remember the glories and hardships of yesterday, rise to the mission of today, and fulfill the great dream of tomorrow. We will learn from history, work hard, forge ahead for a better future, and make tireless efforts to realize the Second Centenary Goal and the Chinese Dream of national rejuvenation.

We are convinced that the Communist Party of China and the Chinese people will build upon the great glories and victories of the past hundred years with even greater glories and victories on the new journey that lies before us in the new era.

RESOLUTION OF THE CENTRAL COMMITTEE OF THE COMMUNIST PARTY OF CHINA ON THE MAJOR ACHIEVEMENTS AND HISTORICAL EXPERIENCE OF THE PARTY OVER THE PAST CENTURY

(Adopted at the Sixth Plenary Session of the 19th Central Committee of the Communist Party of China on November 11, 2021)

PREAMBLE

Since its founding in 1921, the Communist Party of China (CPC) has remained true to its original aspiration and founding mission of seeking happiness for the Chinese people and rejuvenation for the Chinese nation. Staying committed to communist ideals and socialist convictions, it has united and led Chinese people of all ethnic groups in working tirelessly to achieve national independence and liberation, and then to make our country prosperous and strong, and pursue a better life. The past century has been a glorious journey.

Over the past hundred years, the Party has led the people to a number of important milestones: achieving great success in the new-democratic revolution through fierce battles and unyielding struggles; achieving great success in socialist revolution and construction through self-reliance and a determination to build a stronger China; achieving great success in reform, opening up, and socialist modernization by freeing minds and forging ahead; and achieving great success for socialism with Chinese characteristics in the new era through self-confidence, self-reliance, and innovation on the basis of what has worked in the past. These endeavors of the Party and the people over the past century represent the most magnificent chapter in the millennia-long history of the Chinese nation.

A review of the Party's major achievements and historical experience over the past century is necessary for the following purposes:

- starting a new journey to build China into a modern socialist country in all respects in the historical context of the Party's centenary;
- upholding and developing socialism with Chinese characteristics in the new era;
- strengthening our consciousness of the need to maintain political integrity, think in big-picture terms, follow the leadership core, and keep in alignment with

the central Party leadership;

- enhancing our confidence in the path, theory, system, and culture of socialism with Chinese characteristics;
- resolutely upholding Comrade Xi Jinping's core position on the Party Central Committee and in the Party as a whole and upholding the Central Committee's authority and its centralized, unified leadership to ensure that all Party members act in unison;
- advancing reform within the Party, building all Party members' fighting capacity and strengthening their ability to respond to risks and challenges, and maintaining the Party's vigor and vitality; and
- uniting and leading all Chinese people in making continued efforts to realize the Chinese Dream of national rejuvenation.

All Party members should remain true to historical materialism and have a correct understanding of the Party's history. Looking back on the Party's endeavors over the past century, we can see why we were successful in the past and how we can continue to succeed in the future. This will ensure that we act with greater resolve and a stronger sense of purpose in staying true to our Party's founding mission and that we more effectively uphold and develop socialism with Chinese characteristics in the new era.

The Party adopted the Resolution on Certain Questions

in the History of Our Party at the seventh plenary session of its Sixth Central Committee in 1945 and the Resolution on Certain Questions in the History of Our Party since the Founding of the People's Republic of China at the sixth plenary session of its 11th Central Committee in 1981.

These two resolutions embody a facts-based review of major events in the Party's history as well as important experience gained and lessons learned. These documents unified the whole Party in thinking and action at key historical junctures, and they played a vital guiding role in advancing the cause of the Party and the people. Their basic points and conclusions remain valid to this day.

I. A GREAT VICTORY IN THE NEW-DEMOCRATIC REVOLUTION

In the period of the new-democratic revolution (1921–1949), the main tasks of the Party were to oppose imperialism, feudalism, and bureaucrat-capitalism, seek national independence and the people's liberation, and create the fundamental social conditions necessary for realizing the rejuvenation of the Chinese nation.

With a history stretching back more than 5,000 years, the Chinese nation is a great and ancient nation that has created a splendid civilization and made indelible contributions to the advancement of human civilization. After the Opium

War of 1840, however, China was gradually reduced to a semi-colonial, semi-feudal society due to the aggression of Western powers and the corruption of feudal rulers. The country endured intense humiliation, the people were subjected to untold misery, and our civilization was plunged into darkness. The Chinese nation suffered greater ravages than ever before.

To save the nation from peril, the Chinese people rose to fight back, and noble-minded patriots sought to pull the nation together, putting up a heroic and moving struggle. The Taiping Heavenly Kingdom Movement, the Westernization Movement, the Reform Movement of 1898, and the Yihetuan Movement rose one after the other, and a variety of plans were adopted to save the nation, but all of these efforts ended in failure. The Revolution of 1911 led by Dr. Sun Yat-sen brought down the absolute monarchy that had reigned over China for thousands of years, but it failed to change the semi-colonial and semi-feudal nature of Chinese society or the bitter fate of the Chinese people. China was in urgent need of new ideas to lead the movement to save the nation and of a new organization to rally forces of revolution.

With the salvoes of Russia's October Revolution in 1917, Marxism-Leninism was brought to China. The May 4th Movement of 1919 spurred the spread of Marxism throughout the country. Then, in July 1921, as the Chinese people and the Chinese nation were undergoing a great awakening and Marxism-Leninism was becoming closely integrated with the Chinese workers' movement, the Communist Party of China was born. The founding of a communist party in China was an epoch-making event, and from then on the Chinese revolution took on an entirely new look.

The Party came to see that the conflicts between imperialism and the Chinese nation and those between feudalism and the people were the principal contradiction in modern Chinese society. To realize national rejuvenation, it was essential to launch an anti-imperialist and anti-feudal struggle.

In the early days of the Party and during the Great Revolution (1924–1927), the Party formulated the program of the democratic revolution, launched movements of workers, youths, peasants, and women, promoted and supported the reorganization of the Chinese Kuomintang (KMT) and the founding of the National Revolutionary Army, and led the great anti-imperialist and anti-feudal struggle across the country, bringing about a surge in the Great Revolution.

In 1927, a reactionary clique within the KMT betrayed the revolution, brutally massacring communists and other revolutionaries. Meanwhile, the Right deviationist ideas within the Party represented by Chen Duxiu grew into Right opportunist errors and came to dominate the Party's leadership. The Party and the people were unable to mount an effective resistance, and the Great Revolution suffered a devastating defeat under the surprise attack of a powerful enemy.

During the Agrarian Revolutionary War (1927–1937), the harsh realities taught the Party that without revolutionary armed forces, it would be impossible to defeat armed counter-revolutionaries and win the Chinese revolution, thus changing the fate of the Chinese people and the Chinese nation. The Party needed to fight armed counter-revolution with armed revolution.

The Nanchang Uprising of 1927 fired the first shot of armed resistance against KMT reactionaries. This marked the start of the Communist Party of China's journey to lead the revolutionary war independently, build the people's armed forces, and seize state power by force. Soon afterwards, the policy of carrying out agrarian revolution and organizing armed uprisings was adopted at the August 7th Meeting. The Party led the Autumn Harvest Uprising, the Guangzhou Uprising, and uprisings in many other areas. However, due to the great disparity in strength between the enemy forces and our own, most of these uprisings ended in failure. It was clear that, under the prevailing conditions of the time, it was impossible for the Chinese communists to follow the example of Russia's October Revolution and win nationwide revolutionary victory by taking key cities first. The Party urgently needed to find a revolutionary path compatible with China's specific conditions.

The shift from attacking big cities to advancing into rural areas marked a new starting point of decisive importance in the Chinese revolution. Comrade Mao Zedong led troops and civilians in establishing the first rural revolutionary base in the Jinggang Mountains, where the Party led the people in overthrowing local despots and redistributing the land. The Gutian Meeting of 1929 established the principles of strengthening the Party ideologically and the military politically. As progress was made in the struggle, the Party established the Central Revolutionary Base as well as the Western Hunan-Hubei, Haifeng-Lufeng, Hubei-Henan-Anhui, Qiongya, Fujian-Zhejiang-Jiangxi, Hunan-Hubei-Jiangxi, Hunan-Jiangxi, Zuojiang-Youjiang, Sichuan-Shaanxi, Shaanxi-Gansu, and Hunan-Hubei-Sichuan-Guizhou bases. In addition, the Party also set up Party organizations and other revolutionary organizations in KMT-controlled areas and launched revolutionary mass struggles.

However, the fifth counter-encirclement and suppression campaign launched in the Central Revolutionary Base ended in failure as a result of the misguided leadership of Wang Ming's "Left" dogmatism within the Party. The Red Army was forced to make a strategic redeployment and arrived in northern Shaanxi Province after enduring the extraordinarily bitter and arduous journey of the Long

March. The errors of the "Left" line caused enormous losses to revolutionary bases and revolutionary forces in KMT-controlled areas.

In January 1935, the Political Bureau of the Central Committee convened a meeting in Zunyi on the Long March, at which Comrade Mao Zedong was confirmed as the de facto leader of the Central Committee and the Red Army. The meeting laid the groundwork for establishing the leading position of the correct Marxist line within the Central Committee, chiefly represented by Comrade Mao Zedong, as well as for the formation of the first generation of the central collective leadership with Comrade Mao Zedong at its core. The meeting opened a new stage in which the Party would act on its own initiative to address practical issues in the Chinese revolution, and it saved the Party, the Red Army, and the Chinese revolution at their moment of greatest peril. It also subsequently enabled the Party to defeat Zhang Guotao's separatism, bring the Long March to a triumphant conclusion, and open up new horizons for the Chinese revolution. The Zunyi Meeting was a pivotal turning point in the Party's history.

After the September 18th Incident in 1931 during the War of Resistance against Japanese Aggression (1931–1945), the conflict between China and Japan gradually overtook domestic class conflict as the principal contradiction. As Japanese imperialists intensified their aggression against

China, the country was plunged into an unprecedented national crisis. The Party was the first to call the nation to fight Japanese aggression with armed resistance and launched a massive resistance movement. It also facilitated a peaceful settlement of the Xi'an Incident in 1936, playing a historic role in promoting a second period of cooperation between the KMT and the CPC and promoting the united resistance against Japanese aggression.

Following the July 7th Incident of 1937, the Party implemented the right policy on establishing a Chinese united front against Japanese aggression and adhered to the line of all-out resistance. It devised and executed strategic guidelines for a protracted war as well as a whole set of strategies and tactics for a people's war, opened up vast battlefronts behind enemy lines, and developed bases for the resistance. The Party led the Eighth Route Army, the New Fourth Army, the Northeast United Resistance Army, and other forces of the people's armed resistance in fighting valiantly, and these forces were the pillar of the entire nation's resistance until the Chinese people finally prevailed. This was the first time in modern history that the Chinese people had won a complete victory against foreign aggressors in a fight for national liberation, and it was also an important part of the global war against fascism.

During the War of Liberation (1946–1949), as the KMT reactionaries flagrantly launched an all-out civil war, the

Party led its troops and civilians in gradually shifting from active defense to strategic offensive. It secured victories in the Liaoxi-Shenyang, Huai-Hai, and Beiping-Tianjin campaigns as well as the Crossing-the-Yangtze Campaign, advanced triumphantly into the south-central, northwest, and southwest regions, and defeated eight million KMT troops, thus overthrowing the reactionary KMT government and the three mountains of imperialism, feudalism, and bureaucrat-capitalism. With the support of the people, the people's army under the leadership of the Party demonstrated heroic mettle and unyielding resolve as they fought to the end against these fierce enemies, making a historic contribution to the victory of the new-democratic revolution.

In the course of the revolutionary struggle, Chinese communists, with Comrade Mao Zedong as their chief representative, adapted the basic tenets of Marxism-Leninism to China's realities and developed a theoretical synthesis drawn from China's unique experience gained over difficult trials and great sacrifices. They blazed the right revolutionary path of encircling cities from the countryside and seizing state power with military force. They established Mao Zedong Thought, which charted the right course for securing victory in the new-democratic revolution.

In the course of the revolutionary struggle, the Party

carried forward its great founding spirit embodying the following principles: upholding truth and ideals, staying true to its original aspiration and founding mission, fighting bravely without fear of sacrifice, and remaining loyal to the Party and faithful to the people. The Party initiated and advanced the great project of Party building, introduced the principle of focusing on ideologically strengthening the Party, and practiced democratic centralism. It adhered to the three fine styles of conduct, namely combining theory with practice, maintaining close ties with the people, and conducting criticism and self-criticism. It developed the three important tools of the united front, armed struggle, and Party building. In doing this, it strived to build a national Marxist party of the people which was fully consolidated ideologically, politically, and organizationally. The rectification movement—a Party-wide Marxist ideological education movement—was launched in 1942 and yielded tremendous results. The Party formulated the Resolution on Certain Questions in the History of Our Party, which enabled the entire Party to reach a consensus on the basic issues underlying the Chinese revolution. At the Seventh National Congress in 1945, the correct line, principles, and policies were formulated for building a new democratic China, and as a result the Party became united as never before in ideological, political, and organizational terms.

On October 1, 1949, the founding of the People's Republic of China was proclaimed after 28 years of bitter and courageous struggle carried out by the people under the leadership of the Party and with the active support of other political parties and democrats without party affiliation, thus realizing the independence of the Chinese nation and the liberation of the Chinese people. This put an end to China's history as a semi-colonial, semi-feudal society, to the rule of a small minority of exploiters over the working people, to the state of total disunity that had plagued the old China, and to all the unequal treaties imposed on our country by foreign powers and all the privileges that imperialist powers enjoyed on our land, marking China's great transformation from a millennia-old feudal autocracy to a people's democracy. This also reshaped the global political landscape and inspired oppressed nations and peoples struggling for liberation around the world.

It has been proven through practice that history and the people have chosen the Communist Party of China and that without the Party's leadership, it would not have been possible to realize national independence or the people's liberation.

Through tenacious struggle, the Party and the people showed the world that the Chinese people had stood up and the time in which the Chinese nation could be bullied and abused was gone and would never return. This marked the beginning of a new epoch in China's development.

II. SOCIALIST REVOLUTION AND CONSTRUCTION

In the period of socialist revolution and construction (1949–1978), the main tasks of the Party were to realize the transformation from new democracy to socialism, carry out socialist revolution, promote socialist construction, and lay down the fundamental political conditions and the institutional foundations necessary for national rejuvenation.

After the founding of the People's Republic, the Party led the people in surmounting a multitude of political, economic, and military challenges. It cleared out bandits and remnant KMT reactionary forces, peacefully liberated Tibet, and unified the entire mainland. It stabilized prices, unified standards for finances and the economy, completed the agrarian reform, and launched democratic reforms in all sectors of society. It adopted the policy of equal rights for men and women, suppressed counter-revolutionaries, and launched movements against the "three evils" of corruption, waste, and bureaucracy and against the "five evils" of bribery, tax evasion, theft of state property, cheating on government contracts, and stealing of economic information. As the stains of the old society were wiped out, China took on a completely new look.

Meanwhile, the Chinese People's Volunteers marched valiantly across the Yalu River to fight alongside the Korean people and troops. They ultimately defeated a powerful enemy that was armed to the teeth, demonstrating the gallantry of our army and our country and the unyielding spirit of our people. With its resounding victory in the War to Resist US Aggression and Aid Korea, China safeguarded the security of the nascent People's Republic, and demonstrated its status as a major country. The new China thus gained a firm foothold amid complex domestic and international environments.

Under the Party's leadership, a government of people's democratic dictatorship, led by the working class and based on an alliance of workers and peasants, was established and consolidated. This created the conditions necessary for the country to achieve rapid development.

In 1949, the Common Program of the Chinese People's Political Consultative Conference (CPPCC) was passed at the CPPCC's first plenary session. In 1953, the Party officially set forth the general line for the transition period, namely gradually realizing the country's socialist industrialization and socialist transformation of agriculture, handicrafts, and capitalist industry and commerce over a fairly long period of time. In 1954, the Constitution of the People's Republic of China was adopted at the first session of the First National People's Congress. In 1956, China basically completed the socialist transformation of private ownership of the means of production and put into practice public ownership of the means of production and distribution according to work, thus marking the establishment of the socialist economic system.

Under the Party's leadership, China established the system of people's congresses, the system of CPC-led multiparty cooperation and political consultation, and the system of regional ethnic autonomy, providing institutional safeguards ensuring that the people run the country. Under the Party's leadership, China also forged and strengthened unity among people of all ethnic groups, established and developed socialist ethnic relations based on equality and mutual assistance, and achieved and cemented unity between workers, peasants, intellectuals, and people from other social strata across the country. As a result, a broad united front was consolidated and expanded. The establishment of the socialist system laid the foundation for all of China's progress and development in the years to come.

In light of the domestic situation following socialist transformation, the Party propounded at its Eighth National Congress in 1956 that the principal contradiction in China was no longer the contradiction between the working class and the bourgeoisie, but rather that between the demand of the people for rapid economic and cultural development and the reality that the country's economy and culture fell short of the needs of the people. Therefore, the main task facing the nation was to concentrate on developing the productive forces and realize industrialization in order to gradually meet the people's growing material and cultural needs. The Party called on the people to redouble their efforts to build China step by step into a strong socialist country with modern agriculture, industry, national defense, and science and technology, and it led them in carrying out large-scale socialist construction in all sectors.

Through the execution of several five-year plans, an independent and relatively complete industrial system and national economic framework were established, the conditions of agricultural production were markedly improved, and impressive progress was made in social programs such as education, science, culture, health, and sports. With continuous breakthroughs in cutting-edge technologies, including nuclear weapons, missiles, and satellites, China's defense industries, which started from scratch, grew steadily. The People's Liberation Army continued to grow in strength, expanding from ground forces alone into a composite military force comprised of a navy, air force, and other specialized units. This provided firm support for consolidating the new people's government, establishing China's position as a major country, and defending the nation's dignity.

The Party pursued an independent foreign policy of peace, championed and upheld the Five Principles of Peaceful Coexistence, and firmly defended China's independence, sovereignty, and dignity. It provided support and assistance to other oppressed nations fighting for liberation, to newly independent countries in their pursuit of development, and to peoples in various countries who were fighting in just struggles. The Party stood opposed to imperialism, hegemonism, colonialism, and racism and put to an end the humiliating diplomacy of the old China.

The Party adjusted its diplomatic strategies in response to evolving circumstances, worked to restore all lawful rights of the People's Republic of China in the United Nations, opened up new horizons for China's diplomacy, and fostered commitment to the one-China principle among the international community. The Party put forward the theory of the differentiation of the three worlds and pledged that China would never seek hegemony, thus earning respect and acclaim from the international community and from other developing countries in particular.

The Party foresaw the new challenges it would face after gaining state power. As early as the second plenary session of its Seventh Central Committee, which was held in March 1949 shortly before nationwide victory was attained in the War of Liberation, the Party called on all its members to remain modest, prudent, and free from arrogance and rashness in their work and to preserve the style of plain living and hard work. After the founding of the People's Republic, the Party focused on the major issue of Party building in the context of governance, and worked to strengthen the Party and consolidate Party leadership in terms of ideology, organization, and conduct. The Party bolstered efforts to encourage officials to study theory and increase their knowledge, improved its capacity for exercising leadership, and demanded that all its members, especially high-ranking officials, act with a greater sense of purpose to safeguard Party unity and solidarity. Rectification campaigns were carried out throughout the Party to strengthen education within the Party, consolidate primary-level organizations, raise membership requirements, and oppose bureaucratism, commandism, graft, and waste. The Party was on high alert against corruption, worked hard to prevent degeneracy among officials, and cracked down hard on corruption. These important measures strengthened the integrity of the Party and the unity of all Party members, built closer ties between the Party and the people, and brought initial experience for building a governing party.

During this period, Comrade Mao Zedong proposed a second round of efforts to apply the basic tenets of Marxism-Leninism to China's realities. Chinese communists, with Comrade Mao Zedong as their chief representative, enriched and developed Mao Zedong Thought by drawing inspiration from new realities and put forward a series of important theories for socialist construction. These included recognizing that the period of socialist society would take place over a long time; strictly differentiating between two types of contradictions, namely those between the people and the enemy and those among the people, and properly dealing with these contradictions; appropriately handling the ten major relationships in China's socialist construction; finding a path to industrialization suited to China's realities; respecting the law of value; implementing the principle of long-term coexistence and mutual oversight between our Party and other political parties; and applying the principle of letting a hundred flowers bloom and a hundred schools of thought contend to scientific and cultural work. These creative theoretical achievements are still of guiding importance today.

Mao Zedong Thought represents a creative application and advancement of Marxism-Leninism in China. It is a summation of theories, principles, and experience relating to China's revolution and construction that have been proven correct through practice, and its establishment marked the first historic step in adapting Marxism to the Chinese context. The living soul of Mao Zedong Thought is embodied in the positions, viewpoints, and methods of its various component parts, which are reflected in three basic points—seeking truth from facts, following the mass line, and staying independent. These have provided sound guidance for developing the cause of the Party and the people.

Regrettably, the correct line adopted at the Party's Eighth National Congress was not fully implemented. Mistakes were made, such as the Great Leap Forward and the people's commune movement, and the scope of the struggle against Rightists was also made far too broad. Confronted with a grave and complex external environment at the time, the Party was extremely concerned about consolidating China's socialist state power, and it made a wide range of efforts to this end. However, Comrade Mao Zedong's theoretical and practical errors concerning class struggle in a socialist society became increasingly serious, and the Central Committee failed to rectify these mistakes in good time. Based on a completely erroneous appraisal of the prevailing class relations and the political situation in the Party and the country, Comrade Mao Zedong launched and led the Cultural Revolution (1966–1976). The counter-revolutionary cliques of Lin Biao and Jiang Qing took advantage of Comrade Mao Zedong's mistakes, and committed many crimes that brought disaster to the country and the people, setting off ten years of domestic turmoil and causing the Party, the country, and the people to suffer their most serious losses and setbacks since the founding of the People's Republic. This was an extremely bitter lesson. Acting on the will of the Party and the people, the Political Bureau of the Central Committee resolutely smashed the Gang of Four in October 1976, putting an end to the catastrophic Cultural Revolution.

From the founding of the People's Republic to the eve of reform and opening up, the Party led the people in completing the socialist revolution, eliminating all systems of exploitation, bringing about the most extensive and profound social change in the history of the Chinese nation, and transforming a poor and backward Eastern country with a large population into a socialist society. Despite the serious setbacks it encountered in the process of exploring a way forward, the Party made creative theoretical achievements and great progress in socialist revolution and construction, which provided valuable experience, theoretical preparation, and material foundations for launching socialism with Chinese characteristics into a new historical period.

Through tenacious struggle, the Party and the people showed the world that the Chinese people were not only capable of dismantling the old world, but also of building a new one, and that only socialism could save China, and only socialism could develop China.

III. REFORM, OPENING UP, AND SOCIALIST MODERNIZATION

In the new period of reform, opening up, and socialist modernization (1978–2012), the main tasks facing the Party were to continue looking for a right path for building socialism in China, unleash and develop the productive forces, lift the people out of poverty and help them become prosperous in the shortest time possible, and fuel the push toward national rejuvenation by providing new, dynamic institutional guarantees as well as the material conditions for rapid development.

After the end of the Cultural Revolution, the Party stood at a crucial historical juncture, confronted with the question of which course the Party and the country should take. The Party came to recognize that the only way forward was to launch a program of reform and opening up; otherwise, our endeavors in pursuing modernization and building socialism would be doomed to end in failure. In December 1978, the 11th CPC Central Committee held its third plenary session. At the session the Party decisively ended the policy of taking class struggle as the key link and made a strategic shift in the focus of the Party and the country's work, thereby ushering in a new period of reform, opening up, and socialist modernization. This marked a great turning point of far-reaching significance in the Party's history since the founding of the People's Republic of China. The Party also made the momentous decision to completely repudiate the Cultural Revolution. Over the more than 40 years since then, the Party has never wavered in following the line, principles, and policies adopted at this session.

After the third plenary session of the 11th Central Committee, Chinese communists, with Comrade Deng Xiaoping as their chief representative, united and led the whole Party and the entire nation in conducting a thorough review of the experience gained and lessons learned since the founding of the People's Republic. On this basis, and by addressing the fundamental issues of what socialism is and how to build it and by drawing lessons from the history of world socialism, they established Deng Xiaoping Theory. They endeavored to free people's minds and seek truth from facts. A historic decision was made to shift the focus of the Party and the country's work agenda onto economic development and to launch the reform and opening up drive. Chinese communists made known the essence of socialism, set the basic line for the primary stage of socialism, and declared that China would follow its own path and build socialism with Chinese characteristics. They provided sound answers to a series of basic questions on building socialism with Chinese characteristics and formulated a three-step development strategy for basically achieving socialist modernization by the middle of the 21st century.

They thus succeeded in founding socialism with Chinese characteristics.

After the fourth plenary session of the 13th Central Committee in 1989, Chinese communists, with Comrade Jiang Zemin as their chief representative, united and led the whole Party and the entire nation in implementing the Party's basic theory and basic line. They deepened their understanding of what socialism is and how to build it and of what kind of party to build and how to build it, and, on this basis, they formed the Theory of Three Represents. In the face of complex domestic and international situations and serious setbacks in world socialism, they safeguarded socialism with Chinese characteristics. They defined building a socialist market economy as an objective of reform and set a corresponding basic framework, established a basic economic system for the primary stage of socialism under which public ownership is the mainstay and diverse forms of ownership develop together, and set up an income distribution system under which distribution according to work is the mainstay while multiple forms of distribution exist alongside it. They opened up new horizons for reform and opening up across all fronts and advanced the great new project of Party building. Thanks to these efforts, socialism with Chinese characteristics was successfully brought into the 21st century.

After the 16th National Congress in 2002, Chinese

communists, with Comrade Hu Jintao as their chief representative, united and led the whole Party and the entire nation in advancing practical, theoretical, and institutional innovations in the course of building a moderately prosperous society in all respects. They gained a deep understanding of major questions, such as what kind of development to pursue and how to pursue it under new circumstances, and they provided clear answers to these questions, thus forming the Scientific Outlook on Development. Making full use of an important period of strategic opportunity, they focused their energy on development, with an emphasis on pursuing comprehensive, balanced, and sustainable development that put the people first. They worked hard to ensure and improve people's wellbeing, promote social fairness and justice, bolster the Party's governance capacity, and maintain its advanced nature. In doing so, they succeeded in upholding and developing socialism with Chinese characteristics under new circumstances.

In order to promote reform and opening up, the Party re-established the Marxist ideological, political, and organizational lines, thoroughly refuted the erroneous "two whatevers" policy, and correctly appraised the historical position of Comrade Mao Zedong and the value of Mao Zedong Thought as a scientific system. The Party made it clear that the principal contradiction in Chinese society was that China's underdeveloped social production was unable to meet the ever-growing material and cultural needs of the people, and hence the central task of the Party was to resolve this contradiction. On this basis, the Party put forward the goal of building China into a moderately prosperous society.

The Party restored and formulated a series of sound policies in all aspects of its work and began the process of readjusting the economy. Under the leadership of the Party, comprehensive steps were taken to set things right ideologically, politically, and organizationally, and extensive efforts were made to redress wrongs suffered by those who had been unjustly, falsely, and wrongly accused and to regulate social relations. The adoption of the Resolution on Certain Questions in the History of Our Party since the Founding of the People's Republic of China marked the successful conclusion of the Party's efforts to set right its guiding principles.

The Party came to recognize that to open up new prospects for reform, opening up, and socialist modernization, it needed to steer the advancement of its endeavors with theoretical innovation. Comrade Deng Xiaoping once said, "When everything has to be done by the book, when thinking turns rigid and blind faith is the fashion, it is impossible for a party or a nation to make progress. Its life will cease and that party or nation will perish." With this understanding, the Party led and supported extensive discussions on the criterion for testing truth, upheld and developed Marxism in light of new practices and the features of the times, and answered a series of basic questions regarding socialism with Chinese characteristics. These included development path, stage of development, fundamental tasks, development drivers, development strategies, political guarantees, national reunification, foreign relations, international strategy, leadership, and forces to rely on. Thus the Party formed the theory of socialism with Chinese characteristics and achieved a new breakthrough in adapting Marxism to the Chinese context.

At its 12th through 17th national congresses, the Party made consistent overall plans for advancing reform, opening up, and socialist modernization in view of evolving circumstances at home and abroad and new demands to be met in pursuing the country's development. The Central Committee convened several plenary sessions dedicated to planning major initiatives for promoting reform, development, and stability.

The introduction of the household contract responsibility system in rural areas marked the initial breakthrough in China's reform, further steps were gradually taken to reform the economic structure in cities, and reform initiatives were then carried out across the board. With the goal of developing a socialist market economy, this reform gave greater and broader play to the basic role of the market in allocating resources while upholding and improving China's basic economic and income distribution systems. While resolutely advancing economic structural reform, the Party also carried out political, cultural, and social structural reforms as well as institutional reforms related to Party building, which led to the formation and development of vigorous institutions and mechanisms that suited the conditions of contemporary China.

The Party made opening up to the outside world a fundamental national policy. Under this policy, China progressed from establishing special economic zones in Shenzhen and a few other areas, to opening up more parts of the country, including Pudong in Shanghai, key inland cities as well as areas along the coastline, borders, the Yangtze River, and major transportation routes. It also acceded to the World Trade Organization and went from "bringing in" to "going global." In this process, China fully utilized both domestic and international markets and resources.

With continuous progress in reform and opening up, China achieved a historic transformation, from a highly centralized planned economy into a socialist market economy brimming with vitality and from a country that was largely isolated into one that is open to the outside world across the board.

In an effort to accelerate socialist modernization, the

Party led the people in promoting economic, political, cultural, and social advances and made major achievements.

The Party continued to take economic development as its central task, stayed true to the conviction that development is of paramount importance, and proposed that science and technology constitute the primary productive force. It implemented major strategies such as invigorating China through science and education, pursuing sustainable development, and developing a quality workforce. In an effort to promote the coordinated development of urban and rural areas and different regions, it advanced large-scale development of the western region, revitalized old industrial bases in the Northeast and other regions, promoted the rise of the central region, and supported the trailblazing development of the eastern region. The Party promoted the reform and development of state-owned enterprises, encouraged and supported the development of the non-public sector, and accelerated the transformation of the economic growth model. It stepped up environmental protection and promoted sustained and rapid economic development. All these efforts enabled China's composite national strength to grow significantly.

Upholding the unity between the Party's leadership, the running of the country by the people, and law-based governance, the Party worked to develop socialist democracy and promote socialist political progress and advanced reform of the political system in a proactive and prudent manner. It implemented both the rule of law and the rule of virtue, formulated a new Constitution, and endeavored to build China into a socialist country under the rule of law. A socialist system of laws with Chinese characteristics thus took shape. The Party respected and protected human rights and consolidated and developed the broadest possible patriotic united front.

The Party stepped up education on ideals and convictions, advanced the development of the core socialist values, promoted socialist cultural-ethical progress, and strived to foster an advanced socialist culture, thus enabling socialist culture to flourish.

The Party accelerated social development with a focus on improving public wellbeing. It worked to improve people's living standards and rescinded taxes on agriculture. It devoted constant effort to ensuring public access to education, employment, medical services, elderly care, and housing and to promoting social harmony and stability.

The Party put forward the overall goal of building a strong, modern, and standardized revolutionary military, and it made winning local wars in the information age the focal point in preparation for military struggle. It advanced a military transformation with Chinese characteristics to see that the country has fewer but better troops.

Facing a rapidly changing international landscape,

the Party upheld the Four Cardinal Principles, removed all kinds of interference, and confidently responded to a series of risks and trials affecting China's overall reform, development, and stability.

The late 1980s and early 1990s witnessed the disintegration of the Soviet Union and drastic changes in Eastern European countries. In the late spring and early summer of 1989, a severe political disturbance, egged on by hostile anti-communist and anti-socialist forces abroad, took place in China as a result of the international and domestic climates at the time. With the people's backing, the Party and the government took a clear stand against the turmoil, defending China's socialist state power and safeguarding the fundamental interests of the people.

The Party led the people in successfully responding to the Asian financial crisis, the global financial crisis, and other economic risks. We held the 2008 Olympic and Paralympic Games in Beijing. We overcame natural disasters such as severe flooding on the Yangtze, Nenjiang, and Songhua rivers, the devastating earthquake in Wenchuan, and the SARS epidemic. All these victories demonstrated the Party's ability to withstand risks and cope with complicated situations.

The Party worked tirelessly to complete the major historical task of national reunification. Comrade Deng Xiaoping put forward the policy of One Country, Two Systems, a creative and well-conceived concept, paving a new path for achieving national reunification through peaceful means.

Through arduous work and struggle, the Chinese government successively resumed its exercise of sovereignty over Hong Kong and Macao, thus ending a century-long history of humiliation. Since Hong Kong and Macao's return to the motherland, the central government acted in strict compliance with China's Constitution and the basic laws of the special administrative regions and maintained long-term prosperity and stability in the two regions.

Keeping in mind the big picture with regard to resolving the Taiwan question, the Party set forth the basic principles of peaceful reunification and One Country, Two Systems and facilitated agreement across the Taiwan Strait on the 1992 Consensus, which embodies the one-China principle. It advanced cross-Strait consultations and negotiations, established comprehensive and direct two-way mail, transport, and trade links across the Strait, and launched dialogues between political parties of the two sides. The Party pushed for the enactment of the Anti-Secession Law, resolutely deterred separatist forces seeking "Taiwan independence," promoted China's reunification, and thwarted attempts to create "two Chinas," "one China, one Taiwan," or "Taiwan independence."

Based on an accurate assessment of global trends and

the underlying features of the era, the Party put forward the proposition that peace and development are the themes of our times. In line with this idea, China upheld its fundamental foreign policy goal of preserving world peace and promoting shared development. It adjusted its relations with other major countries, developed friendly relations with neighboring countries, and deepened friendly cooperation with other developing countries. It actively participated in international and regional affairs, thus creating a new comprehensive and multi-layered framework for foreign relations.

The Party promoted the development of a multi-polar world and democracy in international relations and steered economic globalization toward common prosperity. China took an unequivocal stand against hegemonism and power politics, endeavored to safeguard the interests of developing countries, worked for a new international political and economic order that would be fair and equitable, and promoted lasting peace and common prosperity in the world.

The Party has always stressed that to govern the country, we must first do a good job of governing the Party, and that means governing it strictly. With this in mind, it focused its efforts on strengthening the Party and launched the great new project of Party building.

The Party formulated the Code of Conduct for Intraparty

Political Life, strengthened democratic centralism, promoted democracy within the Party, and normalized intraparty political activities. Taking a well-planned, step-by-step approach, it launched a party-wide rectification campaign to address the problems of defects in terms of thinking, conduct, and organization within the Party. The Party also worked to strengthen its ranks with the aim of cultivating younger, more revolutionary, better educated, and more specialized officials, and it worked hard to promote young and middle-aged officials and advance the process of succession.

To address the two historical challenges of improving the Party's leadership and governance and bolstering its ability to resist corruption, prevent moral decline, and withstand risks, and with its focus on enhancing its governance capacity and advanced nature, the Party made a series of decisions on major issues including strengthening its ties with the people, its work conduct, and its governance capacity. It also carried out education campaigns on the importance of study, political integrity, and rectitude, on the Theory of Three Represents, on preserving the advanced nature of Party members, and on studying and applying the Scientific Outlook on Development. The Party defined efforts to improve Party conduct, uphold integrity, and combat corruption as vitally important to the very survival of the Party and the country, and worked to develop systems for preventing and punishing corruption.

On the 40th anniversary of the launch of reform and opening up, the Party held a grand ceremony to mark this important event. In his address at the ceremony, Comrade Xi Jinping reviewed the great achievements made and valuable experience accumulated over those four decades. He stressed that reform and opening up represented a great awakening for the Party and a great revolution in the history of the Chinese nation's development, and he called for continued efforts to see this process through. Our country's impressive achievements in reform, opening up, and modernization are well-recognized by the international community. China achieved the historic transformation from a country with relatively backward productive forces to the world's second largest economy, and it made the historic strides of raising the living standards of its people from bare subsistence to moderate prosperity in general and then toward moderate prosperity in all respects. All these achievements represent the tremendous advance of the Chinese nation from standing up to growing prosperous.

Through tenacious struggle, the Party and the people showed the world that reform and opening up is a crucial move in making China what it is today, that socialism with Chinese characteristics is the right path that has led the country to development and prosperity, and that China has caught up with the times in great strides.

IV. A NEW ERA OF SOCIALISM WITH CHINESE CHARACTERISTICS

Following the Party's 18th National Congress in 2012, socialism with Chinese characteristics entered a new era. The main tasks facing the Party in this period are to fulfill the First Centenary Goal, to embark on the new journey to accomplish the Second Centenary Goal, and to continue striding toward the great goal of national rejuvenation.

The Party Central Committee with Comrade Xi Jinping at its core has implemented a national rejuvenation strategy against a backdrop of global change the likes of which has not been seen in a century. It has stressed that the new era of socialism with Chinese characteristics is an era in which we will build on past successes to further advance our cause and continue to strive for the success of socialism with Chinese characteristics under new historical conditions. This is an era in which we will win a decisive victory in building a moderately prosperous society in all respects and then proceed to make all-out efforts to build a great modern socialist country. This is an era in which Chinese people of all ethnic groups will work together to create a better life for themselves and gradually realize the goal of common prosperity. This is an era in which all the sons and daughters of the Chinese nation will strive with one heart to realize the Chinese Dream of national rejuvenation.

And this is an era in which China will make even greater contributions to humanity. The new era of socialism with Chinese characteristics is a new historic juncture in China's development.

Chinese communists, with Comrade Xi Jinping as their chief representative, have established Xi Jinping Thought on Socialism with Chinese Characteristics for a New Era on the basis of adapting the basic tenets of Marxism to China's realities and fine traditional culture, upholding Mao Zedong Thought, Deng Xiaoping Theory, the Theory of Three Represents, and the Scientific Outlook on Development, thoroughly reviewing and fully applying the historical experience gained since the founding of the Party, and proceeding from new realities.

Xi Jinping Thought on Socialism with Chinese Characteristics for a New Era establishes the following:

- The leadership of the Communist Party of China is the defining feature of socialism with Chinese characteristics and the greatest strength of the system of socialism with Chinese characteristics, and the Party is the highest force for political leadership. Therefore, all Party members must strengthen their consciousness of the need to maintain political integrity, think in big-picture terms, follow the leadership core, and keep in alignment with the central Party leadership; stay confident in the path, theory, system, and culture of socialism with Chinese characteristics; and uphold Comrade Xi Jinping's core position on the Party Central Committee and in the Party as a whole, and uphold the Central Committee's authority and its centralized, unified leadership.

- The overarching tasks of upholding and developing socialism with Chinese characteristics are to realize socialist modernization and national rejuvenation. On the basis of achieving the goal of building a moderately prosperous society in all respects, a two-step approach should be taken to build China into a great modern socialist country that is prosperous, strong, democratic, culturally advanced, harmonious, and beautiful by the middle of the 21st century and to promote national rejuvenation through a Chinese path to modernization.
- The principal contradiction facing Chinese society in the new era is that between unbalanced and inadequate development and the people's ever-growing needs for a better life; the Party must therefore remain committed to a people-centered philosophy of development, develop whole-process people's democracy, and make more notable and substantive progress toward achieving well-rounded human development and common prosperity for all.
- The integrated plan for building socialism with Chinese

characteristics covers five spheres of advancement, namely economic, political, cultural, social, and ecological advancement. The comprehensive strategy for building socialism with Chinese characteristics includes four prongs, namely building a modern socialist country, deepening reform, advancing law-based governance, and strengthening Party self-governance.

- The overall goals of comprehensively deepening reform are to develop and improve the system of socialism with Chinese characteristics and to modernize China's system and capacity for governance.
- The overall goal of comprehensively advancing law-based governance is to establish a system of socialist rule of law with Chinese characteristics and to build a socialist rule of law country.
- China must uphold and improve its basic socialist economic system and see that the market plays the decisive role in resource allocation and that the government's role is better leveraged. We should have an accurate understanding of this new stage of development, apply a new philosophy of innovative, coordinated, green, open, and shared development, accelerate efforts to foster a new pattern of development that is focused on the domestic

economy but features positive interplay between domestic and international economic flows, promote high-quality development, and balance development and security imperatives.

- The Party's goal for the development of the military in the new era is to build the people's armed forces into world-class forces that obey the Party's command, that are able to fight and win, and that maintain excellent conduct.
- Major-country diplomacy with Chinese characteristics aims to serve national rejuvenation, promote human progress, and facilitate efforts to foster a new type of international relations and build a human community with a shared future.
- Full and rigorous self-governance is a policy of strategic importance for the Party. The general requirements for Party building in the new era include making all-around efforts to strengthen the Party in political, ideological, and organizational terms and in terms of conduct and discipline, with institution building incorporated into every aspect of this process, continuing the fight against corruption, and ensuring that the political responsibility for Party self-governance is fulfilled. By carrying out a great transformation within the Party, the Party can steer great social transformation.

These strategic concepts and creative ideas are important outcomes of the Party's deeper understanding of and theoretical development on the underlying laws of socialism with Chinese characteristics.

Comrade Xi Jinping, through meticulous assessment and deep reflection on a number of major theoretical and practical questions regarding the cause of the Party and the country in the new era, has set forth a series of original new ideas, thoughts, and strategies on national governance revolving around the following major questions of our times: what kind of socialism with Chinese characteristics we should uphold and develop in this new era, what kind of great modern socialist country we should build, and what kind of long-term governing Marxist party we should build, as well as how we should go about achieving these tasks. He is thus the principal founder of Xi Jinping Thought on Socialism with Chinese Characteristics for a New Era. This is the Marxism of contemporary China and of the 21st century. It embodies the best of this era's Chinese culture and ethos and represents a new breakthrough in adapting Marxism to the Chinese context. The Party has established Comrade Xi Jinping's core position on the Party Central Committee and in the Party as a whole, and established the guiding role of Xi Jinping Thought on Socialism with Chinese Characteristics for a New Era. This reflects the common will of the Party, the armed forces, and Chinese people of all ethnic groups, and it is of decisive significance for advancing the cause of the Party and the country in the new era and for advancing the historic process of national rejuvenation.

The significant achievements attained in the cause of the Party and the country since the launch of reform and opening up have laid a solid foundation and created favorable conditions for developing socialism with Chinese characteristics in the new era. At the same time, however, the Party has remained soberly aware that changes in the international environment have presented many new risks and challenges, and China faces no small number of both long unresolved, deep-seated problems and newly-emerging problems regarding reform, development, and stability. Moreover, previously lax and weak governance has caused inaction and corruption to spread within the Party and led to serious problems in its political environment, which has harmed relations between the Party and the people and between officials and the public, weakened the Party's creativity, cohesiveness, and ability, and posed a serious test to its exercise of national governance.

The Central Committee with Comrade Xi Jinping at its core has demonstrated great historical initiative, tremendous political courage, and a strong sense of mission. Keeping in mind both domestic and international imperatives, the Central Committee has implemented the Party's basic theory, line, and policy and provided unified leadership for our great struggle, our great project, our great cause, and our great dream. Acting on the general principle of pursuing progress while ensuring stability, it has introduced a raft of major principles and policies, launched a host of major initiatives, pushed ahead with many major tasks, and overcome a number of major risks and challenges. It has solved many tough problems that were long on the agenda but were never resolved and accomplished many things that were wanted but never got done. With this, it has prompted historic achievements and historic shifts in the cause of the Party and the country.

1. Upholding the Party's overall leadership

Since the launch of reform and opening up, the Party continued to strengthen and improve its leadership, providing fundamental political guarantees for its cause and that of the country. However, many problems remained within the Party with respect to upholding its leadership, such as a lack of clear understanding and vigorous action as well as weak, ineffective, diluted, and marginalized efforts in implementation. In particular, the Central Committee's major decisions and plans were not properly executed, and some officials selectively implemented the Party's policies or even feigned compliance but did things their own way.

The Central Committee with Comrade Xi Jinping at

its core has made it clear that the leadership of the Party is the foundation and lifeblood of the Party and the country and is the pillar upon which the interests and wellbeing of all Chinese people depend. All Party members must maintain a high degree of unity with the Central Committee ideologically, politically, and in action. We need to enhance our capacity to conduct sound, democratic, and law-based governance, and ability to chart our course, craft overall plans, design policy, and promote reform. We must ensure that the Party fully plays its core role in exercising overall leadership and coordinating the efforts of all sides.

The Party has clearly stated that it exercises overall, systemic, and integrated leadership and that its lifeblood lies in maintaining its solidarity and unity. The centralized, unified leadership of the Central Committee is the highest principle of the Party's leadership, and upholding and strengthening this is the common political responsibility of each and every Party member. In upholding the Party's leadership, all Party members must, first and foremost, take a clear stance in maintaining political integrity to ensure that the whole Party obeys the Central Committee.

The Code of Conduct for Intraparty Political Life under New Circumstances was approved at the sixth plenary session of the 18th Central Committee in 2016. The following year, the Central Committee issued the Regulations of the Political Bureau on Upholding and Strengthening the

Centralized, Unified Leadership of the Central Committee. These documents were designed to strictly enforce the Party's political rules and discipline, to prevent and oppose self-centered behavior, decentralism, behavior in disregard of the rules, silo mentality, and unprincipled nice-guyism, to cultivate a positive and healthy intraparty political culture, and to foster a sound political environment of honesty and integrity within the Party.

The Central Committee requires leading officials to improve their capacity for political judgment, thinking, and implementation, to remain mindful of the country's most fundamental interests, and to be loyal to the Party, obey its command, and fulfill their duties to it.

The Party has strengthened its leadership systems. It has improved the institutions for Party leadership over the people's congresses, the government, the CPPCC, the supervisory, judicial, and procuratorial organs of the state, the armed forces, people's organizations, enterprises, public institutions, primary-level self-governed people's organizations, and social organizations, thereby ensuring that it plays its role of providing leadership to all these organizations.

The Party practices democratic centralism. It has put in place sound systems for ensuring its leadership over major work of the state. The functions and roles of the Central Committee's decision-making, deliberative, and coordinating institutions have been strengthened, and the mechanisms for ensuring implementation of the Central Committee's major policies have been improved. The Party has strictly implemented the system for requesting instructions from and submitting reports to the Central Committee. It has tightened political oversight and inspection and investigated and handled cases of deviation from the Party's lines, principles, and policies as well as instances in which the Party's centralized, unified leadership was undermined. It has rid itself of members who acted with duplicity. All these measures have helped ensure that the whole Party maintains a high degree of unity with the Central Committee in terms of political stance, political orientation, political principles, and political path.

Since the 18th National Congress, the Party Central Committee's authority and its centralized, unified leadership have remained robust, the Party's leadership systems have improved, and the way in which the Party exercises its leadership has been further improved. There is greater unity among all Party members in terms of thinking, political resolve, and action, and the Party has significantly boosted its capacity to provide political leadership, give theoretical guidance, organize the people, and inspire society.

2. Exercising full and rigorous self-governance

Since the launch of reform and opening up, the Party has acted on the principle of the Party exercising effective self-supervision and practicing strict self-governance, making notable progress in Party building.

However, during a certain period, not enough was done to supervise Party organizations effectively or govern them strictly. This resulted in a serious lack of political conviction among some Party members and officials, misconduct in the selection and appointment of personnel in some localities and government departments, a culture of pointless formalities, bureaucratism, hedonism, and extravagance, and a prevalence of privilege-seeking attitudes and behavior. To be more specific, some officials engaged in cronyism and ostracized those outside of their circles; some formed self-serving cliques; some anonymously lodged false accusations against others and fabricated rumors; some sought to buy popular support and rig elections in their favor; some promised official posts and lavished praise on each other for their promotions; some did things their own way and feigned compliance with policies while acting against them; and some got too big for their boots and made presumptuous comments on the decisions of the Central Committee. Such misconduct, interwoven with political and economic issues, led to a shocking level of corruption that damaged the Party's image and prestige and severely undermined relations between the Party and the people and between officials and the people, arousing the discontent and indignation of many Party members, officials, and members of the public.

As Comrade Xi Jinping has emphasized, it takes a good blacksmith to make good steel, and China's success hinges on the Party, especially on the Party's efforts to exercise effective self-supervision and full and rigorous self-governance. We must make strengthening the Party's long-term governance capacity and its advanced nature and integrity our main tasks, make enhancing the Party politically our guiding principle, make firm commitment to the Party's ideals, convictions, and purpose our foundation, and make harnessing the whole Party's enthusiasm, initiative, and creativity our focus. We must keep improving the efficacy of Party building and build the Party into a vibrant Marxist governing party that stays at the forefront of the times, enjoys the wholehearted support of the people, has the courage to reform itself, and is able to withstand all tests.

Firmly taking Party building as an unceasing endeavor, the Party has practiced rigorous self-governance, putting the spotlight on its leading officials, referred to as the "key few." It has worked to ensure that responsibilities for taking charge and exercising oversight over self-governance are fulfilled, bolstered the enforcement of oversight, discipline, and accountability, and conducted full and strict self-governance in all aspects of Party building. The Central Committee has convened meetings on Party building in various sectors and made effective plans, thus promoting all-around progress in Party building.

The Central Committee has consistently stressed that our Party comes from the people, has its roots among the people, and is dedicated to serving the people. Once the Party becomes disengaged from the people, it will lose its vitality. To exercise strict self-governance in all respects, we must first address the problems in Party conduct that the people are strongly concerned about.

For this purpose, the Central Committee started with formulating and enforcing an eight-point decision on improving Party and government conduct and took a top-down approach to improve the Party's work conduct, with members of the Political Bureau and leading officials taking the lead. The Political Bureau holds meetings every year to hear reports on implementation of the eight-point decision and to engage in criticism and self-criticism on this subject.

Resolved to keep hammering away until the job is done, the Central Committee has made consistent efforts to tackle pointless formalities, bureaucratism, hedonism, and extravagance. It has opposed privilege-seeking attitudes and behavior, cracked down hard on extravagant and wasteful spending and use of public funds for non-work-related gifts, dining, or travel, and worked to solve prominent problems that have caused a strong public backlash or that harm the public's interests. The Central Committee has reduced burdens at the primary level and encouraged frugality while opposing wasteful spending. Thanks to these efforts, some unhealthy tendencies that were once considered impossible to control have been reined in, and some problems that had long plagued us have been remedied. As a result, Party conduct, government conduct, and social conduct have significantly improved.

The Party has always stressed that the whole Party must maintain firm ideals and convictions, well-constructed organizational systems, and strict rules and discipline.

Our faith in Marxism, the great ideal of communism, and the common ideal of socialism with Chinese characteristics are our source of strength and our political soul as Chinese communists, and they constitute the ideological foundation for maintaining the Party's unity. The Central Committee has stressed that ideals and convictions are like essential nutrients; without them, we would become frail and susceptible to corruption, greed, degeneracy, and decadence.

The Party has remained committed to integrating efforts to strengthen the Party ideologically with those to bolster self-governance through institutional building. In recent years, it has launched campaigns for advancing study and implementation of the mass line; for pushing Party members to be strict with themselves in practicing self-cultivation, exercising power, and maintaining self-discipline and to be earnest in their thinking, work, and behavior; for requiring Party members to study the Party Constitution, Party regulations, and General Secretary Xi Jinping's major policy addresses and to meet Party standards; for raising awareness of the need to stay true to the Party's founding mission; and for encouraging study of the Party's history. Through these efforts, the Party aims to equip its members with its new theories and turn itself into a learning party. It has worked to educate and guide Party members and officials, especially leading officials, so that they remain firm in their convictions and replenish the mental nutrients they need to maintain the right way of thinking, and preserve their political character and their identity as communists.

The Party has introduced and implemented an organizational line for the new era. It has specified a set of criteria for good officials, which include firm convictions, devotion to serving the people, a strong and pragmatic work ethic, a willingness to take responsibility, and a commitment to being clean and honest. In appointing officials, the Party has adopted a correct approach with emphasis on political integrity. It has adhered to the principle of selecting officials on the basis of both integrity and ability, with greater weight given to the former, and on the basis of merit regardless of background, and it appoints only those who are dedicated, impartial, and upright. The Party has opposed the selection of officials solely on the basis of votes, assessment scores,

GDP, or age, or through open popularity contests. It has strengthened the role of Party organizations in exercising leadership and final oversight in order to rectify misconduct in the selection and appointment of officials.

The Party requires leading officials at all levels to cultivate a proper worldview, outlook on life, and sense of values, all of which serve as the "master switch" for their conduct. Officials must appreciate the power entrusted to them, manage it well, and use it prudently. They must willingly submit to oversight by all sides, share the Party's concerns at all times, make contributions to the country, and work for the people's wellbeing.

The Party has adhered to the principle of the Party supervising personnel, pursued a more proactive, open, and effective personnel policy, implemented the strategy of strengthening China by developing a quality workforce in the new era, and moved faster to build world-class hubs for talent and innovation, thus bringing together the brightest minds from all corners.

The Party has constantly strengthened its organizational system, with a focus on improving the organizational capacity of Party organizations and enhancing their political and organizational functions. By attaching greater attention to the primary level, the Party has promoted full coverage for its organizational framework and initiatives.

The Party has upheld the principles that Party discipline

should be even stricter than the law and that discipline and law enforcement efforts should go hand in hand. It has conducted four forms of oversight over discipline compliance,[1] strengthened political and organizational discipline, and promoted stricter observance of discipline on all fronts. The Party has remained committed to exercising rule-based self-governance, strictly abided by the Party Constitution, and developed a sound system of intraparty regulations. It has worked to ensure strict compliance with all Party regulations and to make Party building efforts better-conceived, more institutionalized, and more procedure-based.

The Central Committee has stressed that corruption is the greatest threat to the Party's long-term governance. The fight against corruption is a major political struggle that the Party cannot and must not lose. If we let a few hundred corrupt officials slip through the cracks, we would let down all 1.4 billion Chinese people. We must confine power to an

---

[1] The four forms are: 1) criticism and self-criticism activities and oral and written inquiries, which are to be conducted regularly to ensure that those who have committed minor misconduct are made to "redden and sweat"; 2) light penalties and minor organizational adjustments to official positions, which are to be applied in the majority of cases; 3) heavy penalties and major adjustments to official positions, which are to be applied in a small number of cases; and 4) investigation and prosecution, which are to be undertaken in a very small number of cases involving serious violations of discipline and suspected criminal activity.

institutional cage and ensure that powers are well-defined, standardized, constrained, and subject to oversight in accordance with discipline and the law.

The Party has made integrated efforts to see that officials do not have the opportunity, desire, or audacity to engage in corruption. It has used punishment as a deterrent, strengthened institutional constraints, and heightened officials' consciousness, so as to ensure that the powers conferred by the Party and the people are always used for the people's benefit. The Party has seen to it that no place is out of bounds, no ground is left unturned, and no tolerance is shown in the fight against corruption. It has imposed tight constraints, maintained a firm stance, and strengthened long-term deterrents against corruption. It has punished both those who take bribes and those who offer them, and it has ensured that every case is investigated and all perpetrators of corruption are punished. The Party has shown the determination to adopt powerful remedies and the courage to take painful measures for the sake of the bigger pictures, and it has taken firm action to "take out tigers," "swat flies," and "hunt down foxes."

The Party has intensified efforts to address corruption that occurs on the people's doorsteps, hunt down corrupt officials who fled overseas and recover state assets they had stolen, and root out all corrupt officials. The Party has focused on cases involving both political and economic corruption, prevented interest groups from arising within the Party, and investigated and punished corrupt officials such as Zhou Yongkang, Bo Xilai, Sun Zhengcai, and Ling Jihua for their serious violations of Party discipline and the law.

The Party has exercised leadership in improving Party and state oversight systems and worked to establish the National Commission of Supervision and local supervisory commissions at all levels. It has developed an oversight network that facilitates coordination in disciplinary inspections conducted at different levels. It has created mechanisms for ensuring coordination between various types of oversight, with intraparty oversight playing the main role. Through these efforts, we have strengthened checks and oversight on the exercise of power.

By taking resolute action since the 18th National Congress, we have given full play to the role of full and rigorous Party self-governance in providing political guidance and guarantees, significantly strengthened the Party's ability to improve and reform itself and maintain its integrity, and addressed the problem of lax and weak governance over Party organizations at the fundamental level. An overwhelming victory has thus been achieved in the fight against corruption, and this momentum has been consolidated across the board. As serious potential dangers in the Party, the country, and the military have been rooted out, our Party has grown stronger through revolutionary tempering.

3. Pursuing economic development

Since the launch of reform and opening up, the Party has concentrated on economic development as its central task and led the people in working diligently to bring about a miracle of rapid growth. China's economic strength has thus grown significantly.

However, due to issues such as an undue emphasis on the rate and scale of growth in some localities and sectors and an inefficient growth model, combined with the impact of the sluggish world economy in the aftermath of the global financial crisis, institutional and structural problems in China's economy continued to build up. Imbalanced, uncoordinated, and unsustainable development thus became a glaring issue.

The Central Committee determined that China's economy had reached a new normal of development and was transitioning from a stage of high-speed growth to a stage of high-quality development. Our traditional growth model could no longer be sustained in the face of this complex situation in which we had to deal with a slowdown in economic growth, make painful structural adjustments, and absorb the effects of previous economic stimulus policies all at once.

The Central Committee has stressed that applying a

new development philosophy represents a profound shift affecting China's overall development. The GDP growth rate cannot serve as the sole yardstick of success for development. Rather, it is imperative to achieve high-quality development in which innovation is the primary driver, coordination is an inherent property, eco-friendly growth prevails, openness to the world is the only path, and shared growth is the ultimate goal. This will lead to transformative changes in the quality, efficiency, and impetus of economic development.

The Party has stepped up strategic planning and unified leadership over economic work and improved its institutions and mechanisms for leading economic development. At the fifth plenary session of the 18th Central Committee in 2015, the 19th National Congress in 2017, the fifth plenary session of the 19th Central Committee in 2020, and a series of central economic work conferences, it rolled out new plans and made the following major decisions for China's development: it would focus on the main theme of pursuing high-quality development and the main task of supply-side structural reform; it would build a modernized economic system; it would expand domestic demand as a strategic priority; and it would fight the three critical battles against potential risk, poverty, and pollution.

The Party has worked with unswerving commitment to consolidate and develop the public sector and to encourage, support, and guide the development of the non-public sector. It has supported state capital and state-owned enterprises to grow stronger, better, and larger, established a modern enterprise system with Chinese characteristics, and worked to make the public sector more competitive, innovative, risk-resilient, and capable of exerting a greater level of influence and control over the economy. A cordial and clean relationship has been cultivated between government and business, and steps have been taken to facilitate the healthy growth of the non-public sector and encourage those working in this sector to achieve success.

The Party has remained committed to the innovation-driven development strategy. It has made self-reliance in science and technology a strategic pillar for China's development and improved the new system for mobilizing resources nationwide for this purpose. It has strengthened China's capabilities in strategic science and technology, intensified basic research, and spurred breakthroughs and Chinese innovation on key and core technologies. The Party has bolstered the creation, protection, and application of intellectual property rights, and moved faster to build China into a country of innovators and a global leader in science and technology.

Supply-side structural reform has been carried out on all fronts. More work has been done to cut overcapacity, reduce excess inventory, deleverage, lower costs, and shore up weaknesses, and the principles of consolidating gains made in this regard, strengthening the dynamism of micro entities, upgrading industrial chains, and ensuring unimpeded flows in the economy have been implemented. Efforts have been increased to build China into a manufacturer of quality, build a modern industrial system, expand the real economy, and develop the digital economy.

Macroeconomic governance has been improved, with innovative ideas and approaches adopted in macroeconomic regulation, greater initiative shown in macro policy making, and a proactive fiscal policy and a prudent monetary policy implemented. Efforts to streamline government administration, delegate power, improve regulation, and upgrade services moved forward. Steps have been taken to ensure food, energy, and resource security as well as the security of industrial and supply chains. Much work has been done to ensure that the financial sector better serves the real economy, to strengthen financial regulation across the board, to prevent and defuse economic and financial risks, and to step up market supervision and anti-monopoly regulation. Measures have been taken to prevent runaway expansion of capital, maintain order in the market, galvanize market entities of all types, especially micro, small, and medium enterprises, and protect the rights and interests of workers and consumers.

The Party has implemented a development strategy

of regional coordination. It has promoted coordinated development of the Beijing-Tianjin-Hebei region, the development of the Yangtze Economic Belt and the Guangdong-Hong Kong-Macao Greater Bay Area, integrated development in the Yangtze River Delta, ecological protection and high-quality development in the Yellow River basin, and high-standard, high-quality construction of Xiongan New Area. The Party has prompted a new phase in the large-scale development of the western region, new breakthroughs in the revitalization of the Northeast, and high-quality development of the central region, and it has encouraged the eastern region to accelerate its pace of modernization. The Party has provided assistance for improving working and living conditions in old revolutionary base areas, areas with large ethnic minority populations, border areas, and impoverished areas. It has promoted a new, people-centered type of urbanization and improved urban planning, development, and management.

The Party has always made issues relating to agriculture, rural areas, and rural residents a top priority. It has introduced a rural revitalization strategy and accelerated the modernization of agriculture and rural areas. It has adopted a food crop production strategy based on farmland management and the application of technology, implemented the strictest possible system for the protection of farmland, and worked to increase self-reliance in seed technology and ensure that China's seed resources are self-supporting and under better control. With all these efforts, it has ensured that China's food supply has remained firmly in its own hands.

Since the 18th National Congress, our country's economic development has become much more balanced, coordinated, and sustainable. China's GDP has exceeded 100 trillion yuan, and its per capita GDP has topped 10,000 US dollars. China's economic strength, scientific and technological capabilities, and composite national strength have reached new heights, and our economy is now on a path of higher-quality development that is more efficient, equitable, sustainable, and secure.

4. Deepening reform and opening up

After the third plenary session of the 11th Central Committee, China's reform and opening up embarked on a remarkable course and scored internationally recognized achievements. Nevertheless, as practice changed, deep-seated institutional problems and impediments caused by vested interests became increasingly evident. China's reform thus entered a critical phase fraught with tough challenges.

The Central Committee is keenly aware that the evolution of practice, freeing minds, and reform and opening up are processes without end. Reform is always ongoing and will never be complete, and halting or reversing course would get us nowhere. Therefore, it is imperative to deepen reform in all areas with greater political courage and wisdom, to be ready to tackle tough issues and navigate treacherous waters, to make institutional development a priority, to increase inter-connectivity and synergy between reforms in different sectors, and to clear a path forward for reform by removing institutional barriers on all fronts.

At its third plenary session in 2013, the 18th Central Committee made plans for reforms of economic, political, cultural, and social systems and those pertaining to ecological conservation, national defense and the armed forces, and Party building. It set overall objectives, key strategic targets, the order of priorities, focal points, working mechanisms, methods of implementation, timetables, and roadmaps for comprehensively deepening reform.

The third plenary session of the 11th Central Committee was a landmark event that ushered in a new period of reform, opening up, and socialist modernization. In the same way, the third plenary session of the 18th Central Committee was also a landmark event. It made possible the transformation of reform from trials and breakthroughs limited to certain areas into an integrated drive being advanced across the board, and thus marked the beginning of a new stage in China's reform and opening up.

The Party has worked to ensure that reform stays on the right path, that it is inspired and guided by the objectives of promoting social fairness and justice and improving people's wellbeing, that it is oriented toward solving major issues, and that it focuses on further freeing minds, unleashing and developing the productive forces, and unlocking and boosting social dynamism. The Party has strengthened top-level design and overall planning, pursued reform in a more systemic, holistic, and coordinated manner, stimulated people's creativity, and deepened and consolidated reforms in key areas.

The Party has taken swift yet steady steps to promote and deepen reform in all areas, making multiple breakthroughs in the process. We have gone from laying foundations and underlying structures to making overall progress and building momentum, and then further to achieving systematic integration and efficient coordination. Basic institutional frameworks have been put in place in various sectors, and historic, systemic, and holistic transformations have taken place in many fields.

The Central Committee is keenly aware that opening doors brings progress, while closing them leaves one behind. In its pursuit of development, in order for China to gain strengths, seize the initiative, and have a good future, we must follow the tide of economic globalization, leverage the strengths of China's massive market, and pursue a more proactive opening up strategy. Adhering to the principle of achieving shared growth through consultation and cooperation, China has promoted high-quality development of the Belt and Road Initiative (BRI). We have advanced a large number of cooperation projects with significant implications for fueling economic development and improving people's lives in countries along the BRI routes. We have worked to build the BRI into an initiative of peace, prosperity, openness, green development, and innovation that brings different civilizations closer and into a widely welcomed public good and platform for international cooperation in today's world.

While ensuring that its efforts to open up internally and externally reinforce each other, and while better integrating the "bringing in" and "going global" strategies, China has worked to promote trade and investment liberalization and facilitation and build a globally oriented network of high-standard free trade zones, including pilot free trade zones and the Hainan Free Trade Port. It has worked to expand opening up on the institutional level in terms of rules, regulations, management, and standards. Through these efforts, we are advancing opening up on a larger scale, across more areas, and in greater depth, and we are establishing an open economy that is diverse, balanced, secure, and efficient and brings benefit to all. All these efforts have enabled China to steadily build new and greater strengths in international economic cooperation and competition.

Since its 18th National Congress, the Party has steadily

promoted broader and deeper reform across the board. The system of socialism with Chinese characteristics is now more mature and well-defined, and the modernization of China's system and capacity for governance has reached a higher level. The cause of the Party and the country is now full of fresh vitality.

5. Advancing political work

Since the launch of reform and opening up, the Party has led the people in keeping to the path of socialist political advancement with Chinese characteristics and developing socialist democracy, and it has achieved substantial progress in this regard. Learning lessons from both successes and failures in political development at home and abroad, the Party has come to see the following: to have full confidence in the system of socialism with Chinese characteristics, we must first have full confidence in the political system of socialism with Chinese characteristics; to promote socialist democracy and socialist political advancement, we must ensure that the political system of socialism with Chinese characteristics is deeply rooted in China; and mechanically copying the political systems of other countries will get us nowhere and could even lead our country to ruin.

We must uphold the unity between the Party's leadership, the running of the country by the people, and law-based governance. Efforts must be made to actively develop whole-process people's democracy and to advance comprehensive, extensive, and coordinated development of the systems and institutions through which the people run the country. We must establish diverse, smooth, and well-organized democratic channels, diversify forms of democracy, and expand the people's orderly political participation at all levels and in various fields, so as to ensure that China's governance and institutions in all sectors give full expression to the will of the people, protect their rights and interests, and spark their creativity. We must remain on guard against the erosive influence of Western trends of political thought, including so-called constitutionalism, assumption of power by different political parties, and separation of powers.

With a view to maintaining the long-term governance of the Party and the long-term stability of the country, the 19th Central Committee at its fourth plenary session outlined an overall plan for upholding and improving the system of socialism with Chinese characteristics and modernizing China's system and capacity for governance; it also laid out major plans for upholding and improving the fundamental, basic, and important systems that underpin socialism with Chinese characteristics.

The Central Committee has stressed the importance of upholding the principal position of the people and ensuring their law-based participation in democratic elections, consultations, decision-making, management, and oversight.

The Party has worked to uphold and improve the system of people's congresses. It has supported and safeguarded the right of the people to exercise state power through people's congresses, supported people's congresses in exercising their statutory powers of enacting laws, conducting oversight, making decisions, and appointing and removing officials, and taken decisive actions to conduct investigations of vote rigging and election bribery cases and address them. Through these efforts, we have upheld the authority and dignity of the system of people's congresses and given full play to its role as China's fundamental political system.

The Party has worked to uphold and improve the system of CPC-led multiparty cooperation and political consultation and to improve systems through which the central committees of other political parties conduct special oversight over the implementation of major decisions and plans and make suggestions directly to the CPC Central Committee. It has stepped up institutional development in promoting the CPPCC's role as a specialized consultative body, advanced extensive, multilevel, and institutionalized development of socialist consultative democracy, and put in place a system of consultative democracy with Chinese characteristics.

The Party has worked to consolidate government and

improve democracy at the primary level and to increase transparency in government administration in order to protect the people's rights to be informed, to participate, to be heard, and to exercise oversight.

The Party has further reformed Party and government institutions to achieve thorough and systematic restructuring of their functions. In this process, we have followed the principles of upholding the Party's overall leadership, taking a people-centered approach, promoting optimization, coordination, and efficiency, and ensuring law-based governance across the board.

The Party has worked to uphold and improve the system of regional ethnic autonomy, followed a correct and uniquely Chinese approach to dealing with ethnic affairs, and made fostering a strong sense of community for the Chinese nation the main task in its work related to ethnic affairs. The Party has established policies for the governance of Tibet and Xinjiang in the new era, consolidated and developed socialist ethnic relations characterized by equality, solidarity, mutual assistance, and harmony, and pushed for all ethnic groups to work together in pursuit of common development and prosperity.

The Party has acted on its basic policy on religious affairs, seen to it that religions in China must be Chinese in orientation, and provided active guidance for religions to adapt to socialist society.

The Party has worked to build a broad united front with the goal of expanding common ground and the convergence of interests, thereby creating a mighty force to drive our push toward national rejuvenation.

The Party has promoted reform and innovation within trade unions, Chinese Communist Youth League organizations, women's federations, and other people's organizations to strengthen their political consciousness, their advanced nature, and their ability to represent the people, so that these organizations can play their role more effectively.

We have worked to promote human rights in all areas, with top priority given to safeguarding the people's rights to survival and development.

Since the 18th National Congress, we have made all-around progress in improving the institutions, standards, and procedures of China's socialist democracy, and we have given better play to the strengths of the Chinese socialist political system. As a result, our political stability, unity, and dynamism have been reinforced and grown stronger.

6. Comprehensively advancing law-based governance

Since the launch of reform and opening up, the Party has upheld law-based governance and kept advancing socialist rule of law. However, we have also faced serious problems such as laws being ignored or not being strictly enforced, lack of judicial impartiality, violations of the law going unpunished, and occasional judicial corruption. Some judicial and law-enforcement personnel have bent the law for personal gain or even provided shelter for criminals. These phenomena have seriously undermined the authority of the law and had a negative impact on social fairness and justice.

The Party is deeply aware that power is a double-edged sword. If it is wielded in accordance with the law and rules, it can bring benefit to the people, but if it is abused, power will invariably bring disaster to the country and the people.

The Central Committee has stressed that when the rule of law prevails, the country will prosper, but should it be weakened, the country will descend into chaos. Comprehensively advancing law-based governance is an essential requirement and important guarantee of socialism with Chinese characteristics, and it represents a profound revolution in China's governance. Law-based governance and law-based exercise of state power begin with compliance with the Constitution. We must remain committed to the path of socialist rule of law with Chinese characteristics; implement Chinese socialist rule of law theory; pursue coordinated progress in law-based governance, law-based exercise of state power, and law-based government administration; promote integrated development of the country, the government, and society based on the rule of law; and comprehensively enhance both the people's awareness of the need to respect, study, and abide by the law and their ability to apply the law.

At the fourth plenary session of the 18th Central Committee in 2014 and the central conferences on the rule of law, dedicated efforts were made to analyze the issue of advancing law-based governance in all respects. Top-level designs and major plans were put forward on ensuring sound legislation, strict law enforcement, impartial administration of justice, and observance of law by all. Coordinated progress was made in advancing the development of the system of laws and regulations, the system for enforcing the rule of law, the system for overseeing the rule of law, the system for ensuring the rule of law, and the system of Party rules and regulations.

The Party has emphasized that since the people make up the broadest and deepest foundation for comprehensively advancing law-based governance, we must ensure that their interests and wishes are reflected, their rights are protected, and their wellbeing is enhanced in every aspect of the entire process of law-based governance. We must protect and promote social fairness and justice and ensure that the people see that justice is served in every law, every law enforcement decision, and every judicial case.

The Party has led efforts to improve systems and mechanisms for ensuring full enforcement of the Constitution. It has established the system of pledging allegiance to the Constitution, and promoted the spirit of socialist rule of law. It has enhanced the ability of state institutions to perform their duties in accordance with the law, it has boosted the ability of officials at all levels to follow the guidance of the rule of law in both thinking and action in their work to solve problems and promote development, and it has raised public awareness about the rule of law.

Amendments to the Constitution have been adopted; laws including the Civil Code, the Foreign Investment Law, the National Security Law, and the Supervision Law have been formulated; the Legislation Law, the National Defense Law, and the Environmental Protection Law have been revised; and legislation has been stepped up in key, emerging, and foreign-related fields. All these efforts have accelerated the improvement of the socialist system of laws with Chinese characteristics, at the heart of which is the Constitution.

The Party has led efforts to deepen reform of the judicial system, with a focus on enforcement of judicial accountability, and to advance all-around reform in the judicial, procuratorial, and public security domains. Checks and oversight on law enforcement and judicial activities have been strengthened; action has been taken to educate and consolidate our judicial, procuratorial, and public security personnel; unjust and erroneous rulings have been overturned in accordance with the law; and vigorous measures have been taken to punish corruption in law enforcement and judicial work. All these efforts have ensured justice, integrity, efficiency, and authority in law enforcement and judicial work.

Since the 18th National Congress, the system of socialist rule of law with Chinese characteristics has constantly been improved and solid progress has been made in advancing the rule of law in China. The rule of law has played a greater role in consolidating foundations, ensuring stable expectations, and delivering long-term benefits, and the Party's ability to lead and govern the country with law-based approaches has been notably enhanced.

7. Developing the cultural sector

Since the launch of reform and opening up, the Party has attached equal emphasis to material progress and cultural-ethical progress. As a result, socialist culture has thrived, the national spirit has been lifted, and national solidarity has grown stronger. At the same time, however, misguided ideas such as money worship, hedonism, extreme self-centered behavior, and historical nihilism have often cropped up. Online discourse has been rife with disorder, and certain leading officials are ambiguous in their political stance and lack fighting spirit. These phenomena have had a serious impact on people's thinking and the environment for public discourse.

The Party has maintained an accurate grasp of the global trends of interaction between different thoughts and cultures, as well as of the profound changes in the Chinese people's ways of thinking. It has stressed that ideological work shapes the collective mind of a country and forges the soul of a nation, and that confidence in one's culture, which is a broader, deeper, and more fundamental form of self-confidence, is the most essential, profound, and enduring source of strength for the development of a country and a nation. Without a thriving culture and firm confidence in it, the Chinese nation cannot achieve rejuvenation.

We must take a people-centered approach to ideological work, uphold socialism with Chinese characteristics, rally public support, foster a new generation with sound values and ethics, develop Chinese culture, and better present China's image. We must have a firm hold on leadership in ideological work, develop socialist ideology with the power to unite and inspire the people, and build China into a country with a strong socialist culture. We must ignite the cultural creativity of the whole nation and bolster the Chinese spirit, Chinese values, and Chinese strength in order to consolidate the common intellectual foundation for all Party members and all Chinese people to forge ahead in unison.

With a focus on addressing the issue of lax Party leadership in the ideological sphere, the Party has stopped the spread of erroneous ideas and championed sound ones in an effort to clear up muddy waters. It has adopted plans on a number of strategic issues of guiding significance in this sphere to establish and uphold a fundamental system for ensuring the guiding role of Marxism in the ideological domain. By strengthening the responsibility system for ideological work, the Party has engaged all its members in improving communications and outreach. Under this system, every Party member is charged to do their best to fulfill their duties, to be proactive in their work, and to take a clear stand against erroneous views.

In intensifying its efforts to improve communications and outreach, the Party has started with the most fundamental issues. It convened a national conference on communications and outreach as well as meetings on literature and art, Party press and public communications, cybersecurity and IT applications, philosophy and social sciences, and theoretical and political work at institutions of higher learning. Through these events, the Party has clarified its principles and stance on a number of fundamental issues, distinguished right theories from wrong ones, and kept its work on the right track. As a result, a healthy trend is gathering pace in the intellectual and cultural spheres.

The Party endeavors to use its new theories to equip its members, educate the people, and guide practice. It has worked harder to study and develop Marxist theory and made advances in constructing disciplinary, academic, and discourse systems for philosophy and social sciences with Chinese features.

The Party puts heavy emphasis on developing new means of communication. It has promoted integrated development of media and worked to strengthen the penetration and credibility of the media and its ability to guide and influence. The Central Committee has explicitly pointed out that failure in the cyberspace domain will spell disaster for the Party's long-term governance. The Party therefore attaches great importance to the Internet as the main arena, battleground, and frontline of the ideological struggle. It has improved the leadership and management systems for the Internet, regulated the cyberspace according to the law, and strived to foster a clean online environment.

The Party has guided cultural development with the core socialist values and paid close attention to nourishing the roots and forging the soul of our nation with advanced socialist culture, revolutionary culture, and fine traditional Chinese culture. It has carried out extensive public awareness activities on socialism with Chinese characteristics and the Chinese Dream, promoted regular and institutionalized education on ideals and convictions, and improved the system of theoretical and political work. We have established and improved systems of Party and state awards and honors, instituted Martyrs' Day, carried out initiatives to raise the public's cultural-ethical standards, built centers for promoting these standards in the new era, and nurtured a love of learning among our people.

The Party has encouraged the people to study the history of the Party, the People's Republic of China, reform and opening up, and the development of socialism. It founded the Museum of the Communist Party of China and has organized events to commemorate the centenary of the Party, the 70th anniversary of the founding of the People's Republic, the 90th anniversary of the founding of the People's Liberation Army, the 40th anniversary of the launch of reform and opening up, the 70th anniversary of victory in the Chinese People's War of Resistance against Japanese Aggression and the global war against fascism, and the 70th anniversary of the Chinese People's Volunteers' departure for Korea to resist US aggression and aid Korea. These events vividly illustrated the unity between our Party and our people and the strength of our country and our military, promoted China's underlying values, and spread positive energy throughout society.

Putting social benefits first while also stressing economic returns, the Party has advanced all-around development of cultural programs and industries. Art and literature are flourishing, and public cultural services have improved, providing people with richer cultural nourishment.

The Central Committee has stressed that China's fine

traditional culture is a prominent strength of our nation that enables us to keep ourselves on a firm footing amidst global cultural interaction. We must adapt to new conditions so that we can carry on our traditional culture in the new era. For this purpose, we have launched initiatives to pass down and develop our fine cultural traditions, promoted creative transformation and development, raised public awareness of the importance of preserving our cultural heritage, and stepped up preservation efforts.

We have accelerated work to strengthen our international communication capacity so as to better tell China's stories and the Party's stories, make China's voice heard, and promote exchanges and mutual learning between different cultures. Thanks to these efforts, China's cultural soft power and influence have increased significantly.

Since the 18th National Congress, there has been a sweeping and fundamental ideological shift, a notable boost in confidence in our culture among all Party members and all Chinese people, and a major increase in cohesiveness throughout society. All of this has provided solid ideological backing and powerful inspiration for opening up new horizons for the cause of the Party and the country in the new era.

8. Promoting social advancement

Since the launch of reform and opening up, the Chinese people have witnessed notable improvements in their living standards and in social governance. Meanwhile, in pace with the changing times and social progress, they have developed an increasingly strong desire for a better life and growing demands for democracy, rule of law, fairness, justice, security, and a better environment.

The Central Committee has stressed that satisfying the people's aspirations for a better life is the goal of all the Party's work; that improving the people's wellbeing is an essential part of the Party's commitment to serving the public good and governing for the people; that ensuring a better life for the people is the immutable aim of all the Party's endeavors; and that addressing inadequacies in support for people's basic needs and solving the most pressing difficulties of great concern to the people are urgent tasks in advancing social development.

We must, therefore, strengthen social development by focusing on ensuring and improving people's wellbeing. We must do everything within our capacity and keep working year by year to tackle one issue after another. In particular, we need to make steady progress in ensuring people's access to childcare, education, employment, medical services, elderly care, housing, and social assistance, and we need to develop new practices to strengthen social governance so that the people will have a more robust, solid, and sustainable sense of fulfillment, happiness, and security.

In the push for moderate prosperity, the Party was

deeply aware that raising the living standards of rural residents was critical. Only by securing a victory in the fight against poverty, which is a fundamental task in building a moderately prosperous society in all respects, could China fulfill its First Centenary Goal. Therefore, extraordinary moves were needed to fight against poverty with greater resolve, more targeted approaches, and more effective measures.

To this end, the Party adopted a strategy of targeted poverty alleviation and set the objectives of guaranteeing food and clothing needs and ensuring access to compulsory education, basic medical services, and safe housing for the impoverished rural population. It instituted a responsibility system whereby heads of Party and government bodies made pledges to win the fight against extreme poverty in their localities. The whole Party, the entire nation, and all sectors of society were mobilized to carry out the most extensive and aggressive anti-poverty campaign in human history. As they tackled the most daunting challenges and surmounted the most difficult obstacles, the Chinese people forged a great spirit in the fight against poverty.

Since the 18th National Congress, 832 counties, 128,000 villages, and nearly 100 million rural residents that were below the current poverty line have been lifted out of poverty. China has thus achieved the poverty reduction target laid out in the UN 2030 Agenda for Sustainable

Development ten years ahead of schedule, brought about a historic resolution to absolute poverty in China, and created a miracle in the human history of poverty reduction.

In 2020, faced with the sudden outbreak of the novel coronavirus epidemic, the Central Committee responded calmly and decisively. It issued the rallying call to stay confident, stand united, and adopt a science-based approach and targeted measures. Committed to putting the people and human life above all else, the Central Committee led the whole nation in an all-out people's war to curb the spread of the virus. It made meticulous plans to defend Hubei Province and its capital city Wuhan against the virus and pooled nationwide resources to save lives on an unprecedented scale. It worked to ensure constant vigilance against imported cases and domestic resurgences, coordinated the Covid-19 response with economic and social development, and protected the health and safety of the people to the greatest extent possible. These efforts enabled China to lead the world in getting the epidemic under control, restarting work and production, and resuming economic and social development. With the major strategic success of our response, we have forged a great spirit in the fight against Covid-19.

To ensure and improve people's wellbeing, the Party has introduced a range of major measures concerning income distribution, employment, education, social security, healthcare, and housing support in accordance with the following principles: meeting basic needs, prioritizing key areas, improving institutions, and guiding expectations. We have focused on providing inclusive public services, meeting essential needs, and ensuring basic living standards, and we have made progress in providing equal access to basic public services.

We have worked to develop an income distribution system that rewards efficiency while promoting fairness. By adjusting excessive incomes, prohibiting illicit incomes, increasing the incomes of low-income groups, and steadily expanding the size of the middle-income group, we have promoted the formation of an oval-shaped structure of distribution and ensured that personal incomes generally grow in step with economic growth and that rural incomes grow faster than urban incomes. We have implemented an employment-first policy and worked to achieve fuller and higher-quality employment.

We have worked to implement the Party's education policy in full and given priority to the development of education. We have made it clear that the fundamental task of education is to foster virtue and nurture a new generation of capable young people with the moral grounding, intellectual ability, physical vigor, aesthetic sensibility, and work skills needed to join and carry on the socialist cause. We have bolstered reform and innovation in education and teaching in order to promote fair and higher-quality education. We have worked to promote balanced development and urban-rural integration in compulsory education. We have seen that education and instruction is conducted in the standard spoken and written Chinese language across the country, and keep off-campus tutoring well-regulated. We have taken active steps to develop vocational education and worked to bring out the full potential of higher education. Through these efforts, we have strived to develop a strong education system that meets the people's expectations.

China has established the world's largest social security system, with 1.02 billion people covered by basic old-age insurance and 1.36 billion people by basic medical insurance.

We have advanced the Healthy China Initiative across the board. Following the principle of putting prevention first, we have deepened reform of the medical and healthcare systems and prioritized medical and health care at the community level, channeling resources accordingly. We have taken prompt action to improve major epidemic prevention and control systems and mechanisms as well as the national public health emergency management system. We have worked to promote the preservation and innovative development of traditional Chinese medicine and strengthened the public health service system covering both urban and rural areas.

We have stepped up efforts to build China into a sporting nation, launched extensive public fitness activities, and vigorously promoted China's sporting spirit.

We have intensified research on our population development strategy. In response to population aging, we have accelerated the development of elderly care services, and we have adjusted and improved the family planning policy so as to promote balanced long-term development of the population.

We have given greater weight to strengthening family ties, values, and traditions and worked to better protect the rights and interests of women and children. We have acted more quickly to develop programs for people with disabilities.

Adhering to the principle that housing is for living in and not for speculation, we have moved faster to build a housing system with multiple types of suppliers and support channels that encourages both renting and buying, and we have increased investment in the construction of government-subsidized housing. All this has led to significant improvements in urban and rural housing conditions.

To ensure the long-term stability of the country and a life of contentment for the people, the Party has strived to advance the Peaceful China Initiative to a higher level and improve the social governance system. It has enhanced the Party organization-led urban and rural community governance system, which is based on self-governance, the rule of law, and the rule of virtue, and it has prioritized social governance at the community level. This has helped develop a social governance system based on collaboration, participation, and benefit sharing and fostered communities of social governance in which everyone fulfills their responsibilities and shares in the benefits.

We have bolstered disaster prevention, mitigation, and relief efforts, improved workplace safety, and strengthened our national emergency management system and capacity.

We have carried on and developed the Fengqiao model in promoting social harmony in the new era. By continuing to address issues at the source through systematic, law-based, and holistic approaches, and by refining the system for handling public complaints, we have improved integrated mechanisms for preventing, mediating, and defusing social problems. We have adopted a full range of measures to maintain law and order, launching campaigns to combat and root out organized crime, cracking down on Party officials who condoned, covered up, or even provided protection for organized crime, and taking steps to prevent and combat violence and terrorism, new types of cybercrime, and transnational crime.

Since the Party's 18th National Congress, we have

promoted social advancement across the board. The people's lives have improved in all aspects, public participation in social governance is growing, and social governance is becoming smarter, more law-based, and more specialized. We have continued to develop an atmosphere in which people live and work in peace and contentment and social stability and order prevail. As a result, China's miracle of long-term social stability has continued.

9. Promoting ecological advancement

Since the launch of reform and opening up, the Party has paid increasingly greater attention to ecological conservation and environmental protection, a major area in which we are still falling short. China faces increasingly grave problems such as tightening environmental and resource constraints and ecological degradation. In particular, environmental pollution and ecological damage of various kinds are becoming increasingly common, affecting China's development and the people's wellbeing. Unless we reverse the trend of ecological and environmental deterioration as soon as possible, we will pay a gravely heavy price.

The Central Committee has emphasized that ecological conservation is of vital importance for the sustainable development of the Chinese nation. To protect the environment is to protect the productive forces, and to improve the environment is to boost the productive forces.

We must never sacrifice the environment in exchange for transient economic growth. We must stay true to the principle that lucid waters and lush mountains are invaluable assets, continue taking a holistic approach to the conservation of mountain, river, forest, farmland, lake, grassland, and desert ecosystems, and protect and cherish our natural environment as we do our own lives. We must act with greater resolve to promote green, circular, and low-carbon development and adhere to a model of sustainable development featuring increased production, higher living standards, and healthy ecosystems.

Through all-out efforts in the areas of theory, law, institutions, organization, and conduct, the Party has strengthened ecological conservation and environment protection in all dimensions, in all regions, and at all times. We have promoted the enforcement of red lines for ecological conservation, set benchmarks for environmental quality, imposed caps on resource utilization, and launched a whole range of pioneering initiatives that will have fundamental and far-reaching significance. We have worked to implement a functional zoning strategy and set up sound systems in the following areas: property rights for natural resource assets, territorial space development and protection, performance evaluations and accountability for ecological conservation, compensation for ecological conservation, designation of river, lake, and forest chiefs, assignment of equal responsibilities for environmental protection to Party committees and governments, and charging officials with environmental protection responsibilities in addition to their prescribed duties. Corresponding laws and regulations have been formulated and revised.

We have optimized planning for development and protection of territorial space, built a national park-based system of nature reserves, moved forward with large-scale afforestation, and better protected and improved the ecosystems of major rivers, lakes, wetlands, and coastlines. We have redoubled efforts to preserve and restore ecosystems and protect biodiversity, and we have developed spatial layouts, industrial structures, and ways of production and living that help conserve resources and protect the environment.

Under the Party's leadership, China has achieved initial success in the critical battle against pollution. Three major action plans on addressing air, water, and soil pollution have been fully implemented. We have continued working to keep our skies blue, our waters clear, and our lands pollution-free, improved rural living environments, and completely banned imports of solid waste. We have carried out central government environmental inspections, strictly investigated and prosecuted a number of major representative cases of ecological damage, and addressed a number of environmental problems that have caused strong public concern. China has gotten actively involved in global environmental and climate governance, pledging to reach peak carbon emissions before 2030 and achieve carbon neutrality before 2060. These efforts demonstrate our commitment to acting as a responsible major country.

Since the Party's 18th National Congress, the Central Committee has devoted greater efforts than ever before to ecological conservation. The whole Party and the entire nation have become more conscious and proactive in pursuing green development and have made significant advances in building a Beautiful China. Thanks to these efforts, we have made sweeping, historic, and transformative advances in environmental protection.

10. Strengthening national defense and the armed forces

Since the launch of reform and opening up, China has made steady progress in building a more revolutionary, modernized, and standardized military and enhancing its national defense capabilities. This has provided reliable security guarantees for China's reform, development, and stability. The Central Committee has stressed that a country needs a strong military before it can truly be strong and secure. China must consolidate its national defense and build a strong people's military commensurate with its international standing and its security and development interests.

The Party has set goals for strengthening the military and formulated China's military strategy for the new era. Included in this is the following three-step development strategy for modernizing the national defense and the armed forces:

- achieving the centenary goals of the People's Liberation Army by 2027;
- basically completing the modernization of the national defense and the armed forces by 2035; and
- fully transforming the armed forces into world-class forces by the mid-21st century.

The Party has worked to enhance the political loyalty of the armed forces, strengthen them through reform, science and technology, and training of competent personnel, and run them in accordance with the law. It has accelerated efforts to modernize military theory, organization, personnel, and weaponry and equipment and to integrate mechanization with the application of information and smart technologies in the military. Troop training and battle preparedness have been bolstered across the board. This has enabled us to build a distinctively Chinese strong military.

To build strong people's armed forces, it is of paramount importance to uphold the fundamental principle and system of absolute Party leadership over the military, to ensure that supreme leadership and command authority rest with the Party Central Committee and the Central Military

Commission (CMC), and to fully enforce the system of the CMC chairman assuming overall responsibility.

For a period of time, the Party's leadership over the military was obviously lacking. If this problem had not been completely solved, it would not only have weakened the military's combat capacity but also undermined the key political principle that the Party commands the gun. Setting their sights on this problem, the Central Committee and the CMC have worked vigorously to run the military with strict discipline in every respect and made resolute decisions to enforce political discipline in the military. At the meeting on military political work in 2014 in Gutian, Fujian Province, a decision was made to enhance the political loyalty of the armed forces in the new era, restore and carry on the proud traditions and fine conduct of the Party and the military, and improve political work through rectification. An all-around push was made to strengthen the Party's leadership and Party building, improve Party conduct, build integrity, and fight corruption in the military. Grave violations of Party discipline and state laws, including those involving Guo Boxiong, Xu Caihou, Fang Fenghui, and Zhang Yang, were thoroughly investigated and punished, and their negative influence was completely eliminated. Thanks to these efforts, the political environment in the people's armed forces has made a fundamental turn for the better.

The Party has set forth a strategy of strengthening the

armed forces through reform, and it has carried out the most extensive and profound reform of national defense and the armed forces since the founding of the People's Republic. It has reshaped the leadership and command system of the military, its system of modern military forces, and its system of military policies. The number of active service personnel has been cut by 300,000. A new military structure has been established with the CMC exercising overall leadership, the theater commands holding responsibility for military operations, and the services focusing on developing capabilities.

In response to the new global military revolution, we have implemented a strategy of strengthening the armed forces through science and technology. We have made our people's military more innovative, established a robust modern logistics system, and achieved major progress in developing weapons and equipment and national defense-related science and technology.

We have implemented a strategy of strengthening the armed forces by training competent personnel, adopted military education policies for the new era, and set criteria for good military officers. We have worked to develop a new type of military personnel training system consisting of military academies, military training, and military vocational education to train revolutionary service personnel in the new era with faith, ability, courage, and integrity and to build highly capable forces with ironclad convictions, beliefs, discipline, and sense of duty.

We have implemented a strategy of running the armed forces in accordance with the law, built a Chinese system for law-based administration of military affairs, and sped up fundamental transformation in the way our military is run. We have advanced the development of the military honors system.

The Party has laid out missions and tasks for the armed forces in the new era. It has created new ways of providing military strategic guidance, improved the military strategic layout, and strengthened the armed forces' strategic functions in shaping our military posture, managing crises, and deterring and winning war. Devoting intense focus to combat effectiveness as the criterion that matters most and to the fundamental goal of being able to fight and win, the people's armed forces have strengthened their strategic forces and new-domain forces with new combat capabilities, and they have improved command systems and capacity for conducting joint operations. They have worked hard to address "peacetime ills," vigorously strengthened training under combat conditions, and built strong, well-structured, and modern border defense, coastal defense, and air defense systems. The armed forces have carried out military struggle in a flexible manner to counter military provocations by external forces, and they have created a strong deterrent against separatist activities seeking "Taiwan independence." They have conducted major operations involving border defense, maritime rights protection, counter-terrorism and stability, disaster rescue and relief, Covid-19 response, peacekeeping and merchant ships escort services, humanitarian assistance, and international military cooperation.

Since the Party's 18th National Congress, under the firm leadership of the Party, the people's military has gone through an all-around revolutionary restructuring and embarked on a new journey. China's defense capabilities have grown in step with its economic strength. Integration of national strategic systems and capabilities has accelerated, sound administrative and support systems for ex-service members have been established, defense mobilization has become more efficient, and unity between the military and the government and between the military and civilians has been further enhanced. With an indomitable fighting spirit, the people's military has taken concrete actions to safeguard China's sovereignty, security, and development interests, thereby firmly carrying out its missions in the new era.

11. Safeguarding national security

Since the launch of reform and opening up, the Party has attached great importance to properly handling the relationship between reform, development, and stability. With this in mind, it has worked to safeguard national security and social stability as a fundamental task for the Party and the country, thus fostering a sound security environment for reform, opening up, and socialist modernization.

In the new era, China is faced with more acute national security challenges, as evidenced by unprecedented external pressure, intertwined traditional and non-traditional security threats, and frequent "black swan" and "gray rhino" incidents. China's ability to safeguard national security falls short of what is required of us by current developments and tasks. We need to strengthen our capacity for responding to various major risks and improve our mechanisms for coordinating efforts to safeguard national security.

The Central Committee has stressed that the most fundamental and universal desire of our people is to live in a safe and peaceful nation. We must always be prepared for worst-case scenarios and mindful of potential dangers. We must uphold the primacy of our national interests and take the people's security as our ultimate goal, political security as our fundamental task, economic security as our foundation, military, technological, cultural, and social security as means of guarantee, and international security as our support. We must always consider both development and security, both opening up and security, both traditional and non-traditional security, both domestic security and the common security of the world, and both the protection of national security and the creation of conditions conducive to it.

Comrade Xi Jinping has stressed that our Party should make national security its top priority. He has put forward a holistic approach to national security, which covers political, military, homeland, economic, cultural, social, technological, cyberspace, ecological, resource, nuclear, overseas interests, outer space, deep sea, polar, and biological security issues, among others. He has urged all Party members to enhance their fighting spirit and fighting capacity and to fulfill their responsibilities for guarding against and defusing risks as they exercise leadership and carry out their work.

The Central Committee is acutely aware that, confronted with various types of external encirclement, suppression, disruption, and subversion, we must not be misled or intimidated. We must fight to the end with any forces that attempt to subvert the leadership of the Communist Party of China and China's socialist system or to hinder or obstruct China's advance toward national rejuvenation. Constant concessions will only invite more bullying and humiliation.

The Party has redoubled its efforts to strengthen the national security system and capacity building. It established a national security commission under the Central Committee, and it has improved the centralized, high-performing, and authoritative leadership system and the legal, strategy, and policy systems for national security. It has also put in place coordination and emergency management mechanisms for national security.

The Party has incorporated security imperatives into all areas and throughout the whole process of national development, placed emphasis on guarding against and defusing major risks that may affect China's modernization process, and resolutely safeguarded China's political, institutional, and ideological security. The Party has enhanced efforts to raise public awareness about the importance of national security and national defense and consolidated the people's line of defense for national security. Solid steps have been taken to boost development, raise living standards, and ensure stability in border areas and to strictly prevent and crack down on infiltration, sabotage, subversion, and separatist activities by hostile forces. We have withstood and pushed back against extreme external pressure, fought back on issues such as those related to Hong Kong, Taiwan, Xinjiang, Tibet, and territorial waters, and moved faster to build China into a strong maritime country. Through all these efforts, we have effectively safeguarded our national security.

Since the 18th National Congress, we have enhanced national security on all fronts and overcome many risks, challenges, and trials in politics, economy, ideology, and nature. This has provided powerful safeguards for the Party and the country to thrive and enjoy long-term stability.

12. Upholding the One Country, Two Systems policy and advancing national reunification

After their return to the motherland, Hong Kong and Macao were reincorporated into the national governance system and embarked on a broad path of complementarity and common development with other parts of the country. The implementation of One Country, Two Systems has been a resounding success. However, due to a variety of complicated factors both at home and abroad, anti-China activities aimed at destabilizing Hong Kong ran rampant for some time, posing serious challenges to Hong Kong.

The Central Committee has underscored the need to fully, firmly, and accurately implement the policy of One Country, Two Systems and to uphold and improve this institutional system. It has taken steps to ensure law-based governance, maintain constitutional order as mandated by the Constitution and the basic laws, and enforce the central government's overall jurisdiction in the Hong Kong and Macao special administrative regions. It has also ensured resolute implementation of the principle of patriots administering Hong Kong and Macao.

Based on its assessment of the situation, the Central Committee made the important decision to enhance the central government's exercise of overall jurisdiction over the special administrative regions in accordance with the Constitution and the basic laws of the two regions and to improve relevant systems and mechanisms for enforcing the Constitution and the basic laws. The Central Committee worked for the establishment and improvement of the special administrative regions' legal systems and enforcement mechanisms for safeguarding national security, the enactment of the Law of the People's Republic of China on Safeguarding National Security in the Hong Kong Special Administrative Region (HKSAR), the refinement of the electoral system of the HKSAR, and the implementation of the principle of patriots governing Hong Kong. The Central Committee supported the special administrative regions in improving the oath-taking system for holders of public office. In accordance with the law, the Central People's Government established the Office for Safeguarding National Security in the Hong Kong Special Administrative Region, and the HKSAR established the Committee for Safeguarding National Security.

The central authorities have firmly supported the law-based efforts of the HKSAR to end violence and chaos and restore order, supported the chief executives and governments of Hong Kong and Macao in exercising law-based governance, taken resolute steps to stop and prevent interference in the affairs of the two special administrative regions by external forces, and cracked down on acts of separatism, subversion, infiltration, and sabotage.

The central authorities have fully supported better

integration of Hong Kong and Macao into the country's overall development as well as high-quality development of the Guangdong-Hong Kong-Macao Greater Bay Area. They have also supported Hong Kong and Macao in pursuing economic development and improving people's lives and worked to foster greater patriotism and a stronger sense of national identity among the people in Hong Kong and Macao.

These measures, which address both the symptoms and root causes of relevant issues, have helped to restore order in Hong Kong and ensure a turn for the better in the region. All this has laid a solid foundation for advancing law-based governance in Hong Kong and Macao and for securing steady and continued success of the One Country, Two Systems policy.

Resolving the Taiwan question and realizing China's complete reunification is a historic mission and an unshakable commitment of the Party. It is also a shared aspiration of all the sons and daughters of the Chinese nation, and it is essential to realizing national rejuvenation.

The Party has approached cross-Strait relations in accordance with changing circumstances over time, enriched the theory on national reunification and policies and principles concerning Taiwan, and worked to keep cross-Strait relations on the right track.

Comrade Xi Jinping has put forward a series of

important ideas and major policy propositions on Taiwan-related work. These form the Party's overall policy framework for resolving the Taiwan question in the new era.

We facilitated the first meeting between the leaders of the two sides since 1949, as well as direct dialogue and communication between them. Guided by the conviction that we are all of the same family, the Party has promoted peaceful development of cross-Strait relations, adopting a host of policies for the benefit of our compatriots in Taiwan and strengthening economic and cultural exchanges and cooperation across the Strait.

Since 2016, however, the Taiwan authorities have stepped up separatist activities aimed at "Taiwan independence," which has seriously impacted the momentum of peaceful development of cross-Strait relations. Upholding the one-China principle and the 1992 Consensus, we firmly oppose separatist activities seeking "Taiwan independence" and firmly oppose foreign interference. We have maintained the initiative and the ability to steer in cross-Strait relations. When it comes to realizing China's complete reunification, time and momentum are always on our side.

It has been proven through practice that with the firm leadership of the Communist Party of China, the strong support of our great motherland, and the concerted efforts of all Chinese people, including those in the Hong Kong and Macao special administrative regions and Taiwan, lasting prosperity and stability will be maintained in Hong Kong and Macao, and China's complete reunification will become a reality.

13. Bolstering the diplomatic front

Since the launch of reform and opening up, the Party has remained committed to an independent foreign policy of peace, fostered an external environment conducive to China's development, and made significant contributions to human progress.

In the new era, the international balance of power is undergoing profound changes; unilateralism, protectionism, hegemonism, and power politics are posing greater threats to world peace and development; and the backlash against globalization is growing. The world has entered a period of turbulence and transformation.

The Party Central Committee has emphasized that, faced with a grave and complex international environment and unprecedented external risks and challenges, it is essential that we take into account both domestic and international imperatives, improve institutions and mechanisms for the Party's leadership over the handling of foreign affairs, strengthen top-level design on this front, and conduct strategic planning on major-country diplomacy with Chinese characteristics. We must develop a new type of international relations, promote the building of a human community with a shared future, champion the shared human values of peace, development, fairness, justice, democracy, and freedom, and steer the tide of human progress.

Keeping in mind the big picture of diplomacy in the new era, the Party has focused on the main goal of achieving national rejuvenation and promoting human progress, and it has held high the banner of peace, development, cooperation, and mutual benefit. It has advanced and enhanced China's diplomatic agenda in a comprehensive, multilevel, and multifaceted way, and it has actively developed partnerships across the world.

We have worked to develop relations with other major countries and have promoted coordination and cooperation between major countries. In accordance with the principles of amity, sincerity, mutual benefit, and inclusiveness and the policy of forging friendship and partnership with our neighbors, we have deepened relations with neighboring countries, worked to cultivate their strategic support, and cooperated with them to build a community with a shared future. We have strengthened solidarity and cooperation with other developing countries with a commitment to upholding the greater good in the pursuit of shared interests and in accordance with the principles of sincerity, pragmatism, affinity, and good faith. And we have put in place collective cooperation mechanisms that cover all other developing countries.

The Party has maintained regular contact with more than 500 political parties and political organizations around the world and deepened inter-party exchanges and cooperation. Adapting to the growing momentum of "going global," we have steadily improved systems for protecting China's overseas interests and effectively handled many risks and challenges.

China has actively participated in reform and development of the global governance system. It has worked to safeguard the international system centered on the UN, the international order underpinned by international law, and the basic norms governing international relations based on the purposes and principles of the UN Charter. China has upheld and practiced true multilateralism, resolutely opposed unilateralism, protectionism, hegemonism, and power politics, and worked actively to make economic globalization more open, inclusive, balanced, and beneficial for all.

China has played a constructive role in the political resolution of regional and international hotspot issues, and it has been a positive force in addressing issues such as climate change, poverty reduction, counterterrorism, cyber security, and regional security. In combating Covid-19, China has engaged in international cooperation and launched the largest global emergency humanitarian operation since the founding of the People's Republic. It has provided supplies, medical support, and vaccine assistance to many countries, especially developing countries, and engaged in vaccine cooperation with a number of them. China has thus shown that it is a responsible major country.

Through continued efforts, we have advanced major-country diplomacy with Chinese characteristics on all fronts. The vision of a human community with a shared future has become a banner leading trends of the times and human progress. China has broken new ground in conducting diplomacy amid profound global changes and turned crises into opportunities in a volatile international environment. China's international influence, appeal, and power to shape have all grown markedly.

In summary, since the 18th National Congress, the Party Central Committee with Comrade Xi Jinping at its core has led the entire Party, the military, and all Chinese people in forging ahead. The goal of building a moderately prosperous society in all respects has been accomplished within the timeframe set, and the cause of the Party and the country has seen historic achievements and undergone historic changes. All this demonstrates the great vitality of socialism with Chinese characteristics. The whole Party, the armed forces, and all Chinese people are more united and inspired than ever before. We are now equipped with stronger institutions, firmer material foundations, and a more proactive mindset for realizing national rejuvenation.

Through tenacious struggle, the Party and the people have shown the world that the Chinese nation has achieved the tremendous transformation: it has stood up and grown prosperous, and it is becoming strong.

V. THE HISTORICAL SIGNIFICANCE OF THE PARTY'S ENDEAVORS OVER THE PAST CENTURY

Over the past hundred years, the Party has always stayed true to its founding mission. It has united and led the Chinese people in writing a magnificent chapter in the history of human development, bringing about brighter prospects than ever before for the great rejuvenation of the Chinese nation.

1. The Party's endeavors over the past century have fundamentally transformed the future of the Chinese people.

After the advent of modern times, the Chinese people were oppressed by the three mountains of imperialism, feudalism, and bureaucrat-capitalism, and they were denigrated as the "sick man of East Asia" by Western powers. Over the past century, the Party has led the Chinese people in undertaking great and momentous struggles. Freed from bullying, oppression, and subjugation, the people have become the masters of the country, of society, and of their own fate, and people's democracy has developed steadily.

The more than 1.4 billion Chinese people have achieved moderate prosperity in all respects, and are now seeing their aspirations for a better life become a reality. Today, the Chinese people are more self-confident, self-reliant, and capable of self-improvement, and they have greater ambition, fortitude, and determination. The tremendous strength they have built over this historical process is being fully unleashed, and they are exhibiting historic initiative and creativity as never seen before. Brimming with confidence, the Chinese people are now writing a great history for China's development in the new era.

2. The Party's endeavors over the past century have opened up the right path for achieving rejuvenation of the Chinese nation.

After the advent of modern times, the Chinese nation faced a grave crisis. As it withered away in the eyes of the world, it was uncertain whether or not the splendid civilization it had created would endure. Over the past century, the Party has led the people in forging ahead ceaselessly, opening up the right path to national rejuvenation. China has moved from a state of disunity and division to a high level of unity and solidarity, from weakness and poverty to strength and moderate prosperity in all respects, and from being beaten and bullied to becoming independent, self-reliant, and confident. China has completed a process of industrialization that took developed countries several centuries in the space of mere decades, bringing about the two miracles of rapid economic growth and enduring social stability. Today, the Chinese nation is a thriving nation standing tall and firm in the East.

3. The Party's endeavors over the past century have demonstrated the strong vitality of Marxism.

Marxism has revealed the laws governing the development of human society. It is a scientific truth for understanding and shaping the world. But to uphold and develop Marxism, Marxists all over the world must engage in extremely strenuous and challenging work, both in theory and in practice. Over the past century, the Party has rallied under the banner of Marxism, continued to adapt Marxism to the Chinese context and the needs of our times, embraced all the outstanding achievements of human society with an open mind, and used the sound theories derived from adapting Marxism to the Chinese context to guide its great endeavors.

In China, Marxism has been fully tested as a scientific truth, its people-centered and practical nature has been brought into full play, and its open nature and contemporary relevance have been fully demonstrated.

Our continued success in adapting Marxism to the Chinese context and the needs of our times has enabled Marxism to take on a fresh face in the eyes of the world, and significantly shifted the worldwide historical evolution of and contest between the two different ideologies and social systems of socialism and capitalism in a way that favors socialism.

4. The Party's endeavors over the past century have had a profound influence on the course of world history.

The cause of the Party and the Chinese people constitutes an important part of the cause of human progress. Over the past hundred years, while pursuing happiness for the Chinese people and rejuvenation of the Chinese nation, the Party has also contributed to human progress and world harmony. It has profoundly altered the trends and landscape of global development through its unremitting efforts in self-improvement. The Party has led the people in pioneering a distinctively Chinese path to modernization, creating a new model for human advancement and expanding the channels for developing countries to achieve modernization. This has presented countries and nations who want to accelerate development while preserving their independence with a new option. The Party has promoted the development of a human community with a shared future, and it has offered Chinese wisdom, Chinese solutions, and Chinese strength to address major issues facing humanity and to build an open, inclusive, clean, and beautiful world that enjoys enduring peace, universal security, and common prosperity. It has thus become an important force driving human development and progress.

5. The Party's endeavors over the past century have

made it a forerunner of the times.

The Party's membership has grown from just over 50 when it was founded to more than 95 million today. Leading a country of more than 1.4 billion people, it is now the world's largest governing party with significant global influence. Over the past hundred years, the Party has remained true to its nature and purpose, upheld its ideals and convictions, and stayed committed to its founding mission. It has bravely engaged in self-reform and withstood all manner of risks and trials and made enormous sacrifices in the course of life-and-death battles and arduous struggles. It has forged a distinct political character and developed a long line of inspiring principles originating from its great founding spirit. The Party has preserved its advanced nature and integrity and kept improving its governance and leadership capacity. It is now leading the Chinese people in advancing toward national rejuvenation with unstoppable momentum on the path of socialism with Chinese characteristics. It has proven to be a great, glorious, and correct party.

VI. THE HISTORICAL EXPERIENCE FROM THE PARTY'S ENDEAVORS OVER THE PAST CENTURY

Over the past century, the Party has led the people through great endeavors. It has made breakthroughs by pushing forward, become stronger by overcoming setbacks, and improved itself by reflecting on its past. In this process, the Party has gained valuable historical experience.

1. Upholding the Party's leadership

The Communist Party of China is the central leading force of our cause. The strong leadership of the Party is the fundamental reason why the Chinese people and Chinese nation have been able to transform their fate in modern times and achieve the great success we see today. Both the facts of history and the reality of today prove that without the Communist Party of China, there would be no new China and no national rejuvenation.

To govern our Party, which is the largest in the world, and our country, which is the most populous in the world, we must uphold the Party's overall leadership, especially the Central Committee's centralized, unified leadership, adhere to democratic centralism, and ensure that the Party exercises overall leadership and coordination.

As long as we maintain unwavering commitment to the Party's overall leadership, firmly uphold the core of the Party and the authority of the Central Committee, fully leverage the political strengths of Party leadership, and see that Party leadership is exercised in all aspects and stages of the Party and the country's cause, we can ensure that all Party members, the armed forces, and all Chinese people unite as one in pressing ahead.

2. Putting the people first

The Party has in the people its roots, its lifeblood, and its source of strength. The people are the greatest source of confidence for the Party in governing and rejuvenating the country. No political imperative is more important than winning the people's support; no force is more powerful than justice. The Party's greatest political strength is its close ties with the people, while the biggest potential danger it faces as a governing party is becoming disengaged from them.

The Party represents the fundamental interests of the overwhelming majority of the Chinese people. It has no special interests of its own, nor has it ever represented the interests of any particular interest group, any power group, or any privileged stratum. This is the fundamental reason the Party has maintained its unassailable position.

We will stay committed to the Party's fundamental purpose of wholeheartedly serving the people, adhere to the Party's mass line, and always remain aware that this country is its people and the people are the country. We will do everything for the people and rely on them in everything we do, exercise governance on behalf of the people and on the basis of their support, and stand by the belief that development is for the people, depends on the people, and its fruits should be shared by the people. With unswerving resolve, we will pursue common prosperity for all. By doing so, our Party will be able to lead the people toward new and even greater triumphs in building socialism with Chinese characteristics. Any attempt to separate the Communist Party of China from the Chinese people or to set the Chinese people against the Communist Party of China is bound to fail.

3. Advancing theoretical innovation

Marxism is the fundamental guiding ideology upon which our Party and our country were founded and thrive. Marxist theory is not a dogma, but a guide to action; it must develop with the evolution of practice, and only by adapting to the Chinese context can it take root in our country and gain the endorsement of the Chinese people.

The fundamental reason why the Party has been able to lead the people through repeated and arduous searches, setbacks, and pioneering efforts to accomplish enormous tasks that were inconceivable for any other political force in China is its commitment to the following principles: freeing minds, seeking truth from facts, advancing with the times, and taking a realistic and pragmatic approach; adapting the basic tenets of Marxism to China's realities and fine traditional culture; upholding practice as the sole criterion for testing truth; and grounding all its efforts in reality. Furthermore, the Party has provided prompt answers to the questions of our times and our people, and it has kept adapting Marxism to the Chinese context and the needs of our times.

As Comrade Xi Jinping pointed out, the great social transformation that contemporary China has undergone is not a simple continuation of our country's historical and cultural traditions, not a mechanical application of the templates envisioned in the Marxist classics, nor a copy of the socialist practice in other countries or foreign models of modernization. As long as we have the courage to keep integrating new practical experience into our theoretical innovation, and as long as we guide new practice with new theory, we are certain to see the truth of Marxism spread more mightily and compellingly across the land of China.

4. Staying independent

Independence is the essence of China's national spirit, and it is a major principle for building our Party and our country. We must follow our own path—this is the historical conclusion our Party has drawn from its endeavors over the past century.

The Party has always followed an independent path as it has pressed forward, stressing self-reliance for national development and maintaining that China's affairs must be decided and run by the Chinese people themselves. Throughout human history, no nation or country has ever become strong and prosperous by relying on external forces, blindly copying the models of other countries, or simply following in others' footsteps. Those who have attempted to do so have either suffered inevitable defeat or been reduced to vassals of others.

As long as we maintain independence and self-reliance, bolster our people's sense of national dignity and self-confidence while drawing on the useful experience of other countries, and refuse to be taken in by fallacies or to bend in the face of pressure, we will be able to keep the fate of China's development and progress firmly in our own hands.

5. Following the Chinese path

The direction determines the path, and the path determines the future. Throughout its endeavors over the past century, the Party has always stayed grounded in China's conditions and succeeded in embarking upon the path of socialism with Chinese characteristics, a right path suited to China's realities. It is a sure path toward a better life for the people and the rejuvenation of the Chinese nation. The Chinese land, the Chinese civilization, and the Chinese path provide our Party and people an infinitely vast stage, a heritage of incomparable depth, and an unmatched resolve for forging ahead.

We must neither relapse into rigidity and isolation of the past, nor take a wrong turn by changing our nature and abandoning our system. As long as we follow the path of socialism with Chinese characteristics with unswerving commitment, we will be able to develop China into a great modern socialist country that is prosperous, strong, democratic, culturally advanced, harmonious, and beautiful.

6. Maintaining a global vision

When the path is just, the common good will reign over all under Heaven. With a global vision, the Party has closely followed the future of humanity. It has gained a sound understanding of China's relations with the rest of the world and handled them against the background of the general trend of human advancement, evolving global development dynamics, and the general course of Chinese history. It champions opening up over isolation, pursues mutual benefit instead of zero-sum games, and stands up for fairness and justice. This has enabled the Party to stand on the right side of history and the side of human progress.

We will keep to the path of peaceful development, developing our country by safeguarding world peace and contributing to world peace through our development. We will move forward in tandem with all progressive forces around the world. We will never become dependent on others, take advantage of others, or seek hegemony. As long as we stick to these principles, we will be able to continue contributing our ingenuity and strength to the progress of human civilization and work with the people of other countries to keep the wheels of history rolling toward a brighter future.

7. Breaking new ground

Innovation is an inexhaustible source of momentum for the development of a country and a nation. The greater the cause and the more fraught it is with difficulties and obstacles, the more important it is to work hard and break new ground.

The Party has led the people in surmounting all difficulties, searching high and low for a way forward, and pressing ahead with determination. With the courage to be pioneers and pursue uncharted paths, we have made constant innovations in theory, practice, institutions, culture, and other areas. No difficulty or obstacle has been able to hold back the advance of the Party and the people.

We will continue to follow the trend of the times, respond to the demands of the people, and boldly advance reform. We will accurately identify changes, adeptly respond to them, and work to steer them in a favorable direction. We will never become rigid and never cease making progress. As long as we keep doing so, we will be able to bring about more miraculous achievements that amaze the world.

8. Standing up for ourselves

Having the courage to fight and the mettle to win gives the Party and the people unassailable strength. All the achievements that the Party and the people have made did not appear out of thin air, nor were they given to us by others; we earned them through persistent struggle.

The Party was born amid domestic turmoil and foreign aggression, was tempered through numerous tribulations, and has grown strong by surmounting difficulties. No matter how powerful the enemy, how difficult the journey, or how grave the challenges, the Party has never lost heart or backed down and never hesitated to make sacrifices. It has remained unyielding despite all setbacks, fighting for our people, our country, our nation, and our shared ideals and convictions.

We should fully appreciate the contemporary features of the great new struggle, seize historical opportunities, and get a head start. As long as we carry forward the fighting spirit, build up our ability, and rally the will and strength of the whole Party and the entire nation, we will be able to overcome any risks or challenges, foreseeable or otherwise.

9. Promoting the united front

Unity is strength. Developing the broadest possible united front provides an important assurance for our Party to defeat the enemy and to govern and rejuvenate the country.

The Party has remained committed to forging great unity and solidarity. It has united all forces that can be united and mobilized all positive factors in order to promote harmony between different political parties, ethnic groups, religions, social strata, and compatriots both at home and abroad. This has allowed us to pool strength to the greatest extent possible to achieve our common goals.

As long as we continue to consolidate solidarity between different ethnic groups, people across the nation, and all the sons and daughters of the Chinese nation, foster a strong sense of community for the Chinese nation, and ensure that Chinese people all over the world focus their energy and ingenuity toward the same goal, we will be able to bring together a mighty force for national rejuvenation.

10. Remaining committed to self-reform

Having the courage to reform itself is a hallmark that distinguishes the Communist Party of China from other political parties. The spirit of self-reform enables the Party to maintain its youthful vigor.

The advanced nature of a Marxist party is not a given; rather, it is cultivated through constant self-reform. The Party has emerged from one hundred years of vicissitudes with even greater vitality. The secret behind this feat lies in the Party's commitment to upholding truth and righting errors. The Party is great not because it never makes mistakes, but because it always owns up to its errors, actively engages in criticism and self-criticism, and has the courage to confront problems and reform itself.

As long as we consistently remove all elements that would harm the Party's advanced nature and integrity and eliminate any viruses that would erode its health, we will be able to ensure that the Party preserves its essence, color, and character and see that it remains the strong leadership core that steers the course of upholding and developing socialism with Chinese characteristics in the new era.

These ten points represent valuable practical experience we have gained over the years, and they are a rich source of inspiration created by the Party and the people together. We must cherish them, uphold them over the long term, and continue to enrich and develop them through practice in the new era.

VII. THE COMMUNIST PARTY OF CHINA IN THE NEW ERA

To accomplish the Party's mission, we must never forget why we started. The Communist Party of China remains focused on achieving lasting greatness for the Chinese nation, and, a hundred years on from its founding, the Party is in its prime. Over the past century, the Party has secured extraordinary historical achievements on behalf of the people. Today, it is rallying and leading the Chinese people on a new journey to realize the Second Centenary Goal. It is up to the people to judge how the Party performs in the test of the times. We must continue to perform well and make new accomplishments with fresh energy in the new era.

At its 19th National Congress, the Party laid out a two-stage strategic plan for achieving the Second Centenary Goal. In the first stage, from 2020 to 2035, we will see that socialist modernization is basically realized. In the second stage, from 2035 to the middle of this century, we will develop China into a great modern socialist country. By the end of the second stage, the following objectives will have been met:

- New heights will be reached in material, political, cultural-ethical, social, and ecological advancement;
- Modernization of China's system and capacity for governance will be achieved;
- China will become a global leader in terms of composite national strength and international influence;
- Common prosperity for all will be largely realized;
- The Chinese people will enjoy happier, safer, and healthier lives; and
- The Chinese nation will stand taller and prouder among the nations of the world.

Today, we are closer, more confident, and more capable than ever of realizing the goal of national rejuvenation. But at the same time, all Party members must realize that achieving national rejuvenation will be no walk in the park, and it will take more than drum beating and gong clanging to get there. There are many risks and challenges on the journey ahead, some of which we can foresee and others we cannot. We must also recognize that China is still in the primary stage of socialism and will long stay in this stage, that it remains the largest developing country in the world, and that the principal contradiction facing Chinese society is that between unbalanced and inadequate development and the people's ever-growing needs for a better life. Every Party member must bear in mind what the Party is and what its mission is; these are issues of fundamental importance that we must never lose sight of. We must have a good grasp of historical trends, stand firm in our ideals and convictions, and stay true to our Party's founding mission. We must remain modest and prudent, guard against arrogance and rashness, and work hard. We should draw strength from our achievements to forge ahead, and we should learn lessons from missteps and setbacks. We must not be intimidated by any risks or led astray by any distractions, and we must be absolutely certain that we make no catastrophic mistakes on fundamental issues. With the determination to never let up until we reach our goals and the attitude that one who has walked 90 *Li* of a 100-*Li* journey is only halfway there, we must make unremitting efforts to rejuvenate the Chinese nation.

The whole Party must uphold Marxism-Leninism, Mao Zedong Thought, Deng Xiaoping Theory, the Theory of Three Represents, and the Scientific Outlook on Development and fully implement Xi Jinping Thought on Socialism with Chinese Characteristics for a New Era. We must use Marxist positions, viewpoints, and methods to observe, understand, and steer the trends of the times, and we must constantly deepen our understanding of the laws underlying governance by a communist party, the building of socialism, and the development of human society.

We must adhere to the basic theory, line, and policy of the Party; strengthen our consciousness of the need to maintain political integrity, think in big-picture terms, follow the leadership core, and keep in alignment with the central Party leadership; stay confident in the path, theory, system, and culture of socialism with Chinese characteristics; and uphold Comrade Xi Jinping's core position on the Party Central Committee and in the Party as a whole and uphold the Central Committee's authority and its centralized, unified leadership.

We should continue to apply systems thinking and ensure coordinated implementation of the Five-Sphere Integrated Plan and the Four-Pronged Comprehensive Strategy. We need to ground our work in this new stage of development, apply the new development philosophy, foster a new pattern of development, and promote high-quality development. We should deepen reform and opening up across the board, promote common prosperity for all, and build up our country's strength in science and technology. We should develop whole-process people's democracy and ensure it is the people who run the country. We should continue to advance law-based governance in all respects, uphold the core socialist values, ensure and enhance people's wellbeing in the course of development, and promote harmony between humanity and nature. We need to ensure security while pursuing development, move faster to modernize the national defense and the armed forces, and take well-coordinated steps toward making our people prosperous, our nation strong, and our country beautiful.

The entire Party must forever maintain close ties with the people, stand firmly on their side, uphold their principal position, and respect their creativity. We must act in line with the people-centered philosophy of development, safeguard social fairness and justice, and work hard to resolve the imbalances and inadequacies in development and the most pressing difficulties and problems that are of great concern to the people. We will better realize, safeguard, and advance the fundamental interests of the overwhelming majority of the people, and we will unite and lead all Chinese people in working ceaselessly for a better life.

All Party members must keep in mind that one thrives in adversity and perishes in laxity, see things from a long-term, strategic perspective, and always remain mindful of potential dangers. We will continue to advance the great new project of Party building in the new era, exercise full and rigorous self-governance, and remain committed to improving Party conduct, upholding integrity, and combating corruption. We will rise to the tests facing the

Party in long-term governance, reform and opening up, the market economy, and the external environment. We will overcome the dangers of losing drive, lacking competence, becoming disengaged from the people, and succumbing to inaction and corruption. We must maintain our mettle regardless of the hardships and dangers we face and be both brave and adept in carrying out our struggle, forging new paths and building new bridges wherever necessary. We must be able to overcome all difficulties and withstand all pressures, so that we can steer the great ship of socialism with Chinese characteristics to cleave the waves and sail ahead with unstoppable momentum.

The cause of the Party and the people calls for the continuous efforts of Chinese communists over generations. We must deliver on the vitally important issue of making sure this cause is carried forward by future generations.

We must educate our people with Xi Jinping Thought on Socialism with Chinese Characteristics for a New Era, enhance cohesion by instilling in them the Party's ideals and convictions, nourish them with the core socialist values, and inspire them with the historic mission of national rejuvenation. By doing so, we will cultivate a large contingent of people who are capable of shouldering the mission of the times and are ready to carry forward our cause.

We must work to train and select a constant stream of

loyal, upright, responsible, high-caliber, and specialized officials with both integrity and ability, especially young officials. Party members and officials should be educated and guided to have firm belief in Xi Jinping Thought on Socialism with Chinese Characteristics for a New Era and to practice it faithfully. They should keep in mind that empty talk harms the country while solid work makes it flourish. They must be loyal to the country and the people, pursue lofty ideals, and strive to enhance their capabilities and sense of responsibility.

We must admit to the Party a constant stream of outstanding people from various sectors, especially young people. We should educate and guide young members of the Party to forever follow the banner, the course, and the will of the Party; to carry forward the Party's revolutionary legacy and fine traditions; and to brave storms, broaden their horizons, temper themselves, and grow more capable through struggle.

We must cultivate a constant stream of talented people who are dedicated to the country and are ready to break new ground. We must truly care for them, nurture them, and put them to good use, so as to bring together bright people from all fields for the great endeavors of the Party and the people.

The Central Committee calls upon the entire Party, the military, and all Chinese people to rally more closely around the Central Committee with Comrade Xi Jinping at its core, to fully implement Xi Jinping Thought on Socialism with Chinese Characteristics for a New Era, and to champion the great founding spirit of the Party. We will always remember the glories and hardships of yesterday, rise to the mission of today, and fulfill the great dream of tomorrow. We will learn from history, work hard, forge ahead for a better future, and make tireless efforts to realize the Second Centenary Goal and the Chinese Dream of national rejuvenation.

We are convinced that the Communist Party of China and the Chinese people will build upon the great glories and victories of the past hundred years with even greater glories and victories on the new journey that lies before us in the new era.

EXPLANATION OF THE RESOLUTION OF THE CENTRAL COMMITTEE OF THE COMMUNIST PARTY OF CHINA ON THE MAJOR ACHIEVEMENTS AND HISTORICAL EXPERIENCE OF THE PARTY OVER THE PAST CENTURY

Xi Jinping

On behalf of the Political Bureau of the 19th Central Committee of the Communist Party of China (CPC), I will now brief you on the Resolution of the CPC Central Committee on the Major Achievements and Historical Experience of the Party over the Past Century and related issues.

I. CONSIDERATIONS ON THE AGENDA OF THE SIXTH PLENARY SESSION OF THE 19TH CPC CENTRAL COMMITTEE

Our Party has always attached great importance to reviewing its historical experience. As early as in the Yan'an period, Comrade Mao Zedong pointed out, "We will not be able to achieve greater success unless we have a clear understanding of our history and of the roads we have traveled."

In 1945, at the critical juncture for securing final victory in the War of Resistance against Japanese Aggression, the Sixth CPC Central Committee convened its seventh plenary session and adopted the Resolution on Certain Questions in the History of Our Party. The resolution reviewed the history of the Party and the experience it had gained and lessons it had learned since its founding in 1921, especially those in the period between the fourth plenary session of the Sixth Central Committee in January 1931 and the Zunyi Meeting in January 1935. It drew conclusions on major historical issues of the Party, leading to a broad consensus among all Party members, particularly high-ranking officials, on fundamental questions pertaining to the Chinese revolution. It served to strengthen the solidarity of the Party, paved the way for the convocation of the Seventh CPC National Congress, and helped advance the Chinese revolution significantly.

When our country entered a new period marked by the launch of reform and opening up, Comrade Deng Xiaoping noted, "The experience of successes is invaluable, and so are the lessons learned from mistakes and setbacks. Principles and policies formulated on the basis of the experience gained and lessons learned will unify all Party members in thinking. The unity so formed is most reliable."

In 1981, at its sixth plenary session, the 11th Party Central Committee adopted the Resolution on Certain Questions in the History of Our Party since the Founding of the People's Republic of China. The resolution reviewed the Party's history in the period before the founding of the People's Republic and summarized the experience it had gained in the course of socialist revolution and construction.

The resolution gave assessments of certain major events and important figures, particularly a correct appraisal of Comrade Mao Zedong and Mao Zedong Thought. It drew a clear distinction between right and wrong and corrected the erroneous "Leftist" and Rightist viewpoints existing at the time. Through the resolution, the Party came to a clear consensus and was more united than ever in support of a forward-looking approach. All this provided a strong impetus to the Party's endeavors in reform, opening up, and socialist modernization.

Seventy-six years have passed since the adoption of the Party's first resolution on historical issues, and 40 years since the second. The past four decades have witnessed tremendous progress in the cause of the Party and the country and major advances for the Party in theoretical and practical terms.

We have now arrived at a new historic milestone. As we

look back and set our sights on the future, we have both an objective need and the subjective conditions for a full review of our Party's major achievements and historical experience over the past century, especially those in the 40-plus years of reform and opening up.

The Central Committee considers it important in both a practical and historical sense to have a comprehensive review of the major achievements and historical experience of the Party over the past century as we celebrate its centenary and the fulfillment of the First Centenary Goal of building a moderately prosperous society in all respects and move on toward the Second Centenary Goal of building China into a great modern socialist country in all respects. This review will help build a broader consensus and stronger unity in will and action among all Party members and rally and lead Chinese people of all ethnic groups in achieving new and great success in building socialism with Chinese characteristics in the new era.

The Central Committee understands that the Party has gone through an extraordinary journey over the past century. The great endeavors of the Party span a long period of time, cover a wide range of fields, and involve many issues that merit our careful study. As a general requirement, we need to review our history and understand the underlying dynamics of its development so as to prepare for the future with greater confidence.

To this end, we need to relive the glories of the Party and appreciate how the Party has rallied and led the Chinese people in making magnificent achievements. We need to take stock of the invaluable experience the Party has gained in carrying out revolution, construction, and reform, and summarize the Party's theories and practices that have proved successful in advancing the cause of the Party and the country since the 18th CPC National Congress.

To be more specific, we need to revisit the Party's century-long history of leading the people in carrying out revolution, construction, and reform. We need to review the Party's great historical course of achieving one victory after another and the historic accomplishments the Party has achieved in the interests of the country and the nation.

We need to revisit the Party's century-long history in which the Party has advanced Marxism in the Chinese context by adapting the basic tenets of Marxism to China's realities and fine traditional culture, and we need to gain a deeper understanding of the Party's innovative theories for the new era.

We need to revisit the Party's century-long history in which the Party has maintained unity and upheld the Central Committee's authority and its centralized, unified leadership. We need to appreciate the significance of enhancing the Party's political development, which is a distinctive feature and political strength of a Marxist party such as ours.

We need to revisit the Party's century-long journey in pursuit of happiness for the Chinese people and rejuvenation for the Chinese nation. We must always bear in mind that the Party and the people are inextricably connected and rise and fall together. It is only with such understanding that we Party members can better devote ourselves to the benefit of the people and rely on them in our endeavor for greater accomplishments.

We need to revisit the Party's century-long journey in which it has grown stronger through self-improvement and self-reform. We must never falter in exercising full and rigorous self-governance of the Party and must see this as a mission that is forever ongoing so as to make sure that the Party always remains a powerful leadership core in the endeavor to uphold and develop socialism with Chinese characteristics in the new era.

We need to fully appreciate the laws and prevailing trends of history, seize the historical initiative in the cause of the Party and the country throughout our new journey in the new era, and galvanize even greater courage and strength for keeping to our set goals and striding ahead with pride and confidence.

The Central Committee considers it essential to follow the methodology of dialectical and historical materialism in the review of the Party's major achievements and historical experience over the past century. We need to look at the Party's history from a concrete, objective, and holistic perspective while recognizing that it is interconnected and evolving.

We need to maintain a rational outlook on Party history and see history from a broader perspective so as to develop an accurate understanding of the underlying trends and defining features of the CPC's history of evolution.

We need to properly address the mistakes and setbacks that have occurred on the Party's path forward. We should draw experience from our successes and learn lessons from our mistakes so as to score new victories.

We need to do better at setting things straight, taking a clear-cut stance against historical nihilism, strengthening ideological guidance and theoretical analysis, and clearing up confusion and misunderstandings over certain major questions in the Party's history.

The Central Committee has made it clear that the following are the top priorities in drafting the resolution to be adopted at this session:

1. The resolution must focus on the Party's major achievements and historical experience over the past century.

Our Party has already produced two resolutions on historical issues. These settled controversies on major issues in Party history in the period from its founding to the early stage of reform and opening up, and their basic points and conclusions remain valid.

Since reform and opening up began, the cause of the Party and the country has generally speaking made smooth progress in the right direction with achievements that have earned worldwide recognition, despite certain problems that have occurred in the Party's work. In view of this, the resolution to be adopted at this session should focus on a review of the Party's major achievements and historical experience over the past century. This will help pool our wisdom, strengthen our unity, and boost our confidence and morale.

2. The resolution must highlight the new era of socialism with Chinese characteristics.

This resolution needs to place emphasis on the new era, mainly reviewing the historic achievements and the historic shifts in the cause of the Party and the country, and the latest experience that the Party has gained during this period. This is because the previous two resolutions on historical issues were devoted to Party history during the new-democratic revolution period, the period of socialist revolution and construction, and the period between the third plenary session of the 11th Central Committee in 1978 and its sixth plenary session in 1981.

As for the achievements and experience from the period marked by reform, opening up, and socialist modernization, the Central Committee has already conducted earnest reviews on the occasions of the 20th and 30th anniversary celebrations of the third plenary session of the 11th CPC Central Committee. I also gave a systematic analysis of the achievements and experience from this period in my address at a gathering marking the 40th anniversary of reform and opening up.

Therefore, the resolution before us needs to focus on the new era of socialism with Chinese characteristics along with a brief summary of Party history prior to the 18th National Congress based on existing reviews and conclusions. This will help further fortify confidence among all Party members, focus on our current endeavors, and enable us to forge ahead on the new journey with greater morale and make still greater contributions in the new era.

3. The resolution's appraisal of major events, significant meetings, and important figures must be consistent with the Party Central Committee's existing conclusions.

The previous two resolutions, along with the Party's long list of important literature, document the major events, meetings, and figures in Party history prior to its 18th National Congress, and contain well-considered conclusions on historical issues. These points and conclusions are to be upheld in the new resolution.

Since the 18th National Congress, I have spoken about

Party history and the Party's conclusions on historical issues on a number of important occasions, including events marking the 95th anniversary of the founding of the Party, the 90th anniversary of the founding of the People's Liberation Army, the 70th anniversary of the founding of the People's Republic of China, and the Party's centenary in particular. These statements represent an updated understanding on the part of the Central Committee of the Party's century-long history. This updated understanding needs to be reflected in the new resolution.

II. THE DRAFTING PROCESS

In March of this year, the Political Bureau decided that the sixth plenary session of the 19th Party Central Committee would focus on a comprehensive review of the Party's major achievements and historical experience in its century-long history.

To this end, a working group was established to draft the document under the auspices of the Standing Committee of the Political Bureau. I am chief of this group, and my colleagues Wang Huning and Zhao Leji serve as its deputy chiefs. The group's membership is composed of other Party and state leaders, as well as heads of relevant central departments and localities.

On April 1, the Central Committee issued a Circular

on Soliciting Opinions on the Agenda of the Sixth Plenary Session of the 19th CPC Central Committee of Focusing on a Full and Systematic Review of the Major Achievements and Historical Experience of the Party, in order to seek comments and suggestions from Party members and non-Party figures within an appropriate scope.

From their feedback, we can see unanimous agreement among all consulted localities, departments, and sectors that the decision of the 19th CPC Central Committee to focus its sixth plenary session on a comprehensive review of the Party's major achievements and historical experience over the past century is a well-considered decision of historic and strategic significance.

They believe the decision reflects the Party's firm resolve to stay true to its original aspiration and founding mission and remain vibrant as ever. It demonstrates the Party's keen understanding of the general trends of history, its strong sense of mission and responsibility, and its commitment to always taking the initiative in advancing the cause of the Party and the country. It also embodies the Party's broad and farsighted vision, its willingness to learn from history, and its commitment to staying firmly rooted in the present while setting its sights on the future.

They expressed their unanimous endorsement of the Central Committee's decision to focus the session on a review of the Party's major achievements and historical experience over the past century. They have also come up with many constructive comments and suggestions on what issues should be covered in the resolution.

They all agree that the Party has united and led the Chinese people in a continued endeavor to carry out revolution, construction, and reform during all periods of its century-long history; that the Party and the people have created miracles which will go down in the annals of the Chinese nation, world socialism, and human society; that the Party and the people have fundamentally changed the course of the Chinese nation's history in modern times and written a brilliant chapter in the history of world socialism, adding new dimensions to Marxism; that the Party and the people have scored indelible achievements toward national rejuvenation and made significant contributions to human progress; and that the Party and the people have gained a wealth of invaluable experience on this great journey. All of these merit a systematic review.

The localities, departments, and sectors involved in the consultation suggest that the review of the Party's major achievements and historical experience over the past century must focus on the new era and on the historic achievements and the historic shifts in the cause of the Party and the country, and the latest experience that the Party has gained during this period.

Under the planning of the Central Committee, the

drafting group first carefully studied the Party's major historical documents. Following a thorough review of all major issues in the Party's history and based on comments and suggestions from the localities, departments, and sectors consulted, the group then began drafting the resolution.

In accordance with a decision made at a meeting of the Political Bureau, the text of the draft resolution was issued on September 6 to select Party members, including retired senior Party officials, for consultation. We also sought the opinions from leaders of other political parties and the All-China Federation of Industry and Commerce and prominent figures without party affiliation.

The feedback we have received indicates full endorsement by the consulted localities, departments, and sectors of the text of the draft resolution and its general framework and main content. They all agree that the most salient feature of the document is its focus on facts and its respect for history.

They also agree that the document highlights the Party's commitment to its original aspiration and founding mission in all its endeavors over the past century. It is a fact-based document and its descriptions and appraisals of major events, meetings, and figures are consistent with the descriptions and conclusions in the Party's existing historical documents. It also demonstrates the Party Central Committee's updated understanding of Party history in the period after the Party's 18th National Congress.

Under the sub-heading, "Historical Significance of the Party's Endeavors over the Past Century," the document provides a comprehensive, in-depth, and systematic summary of the Party's historic contributions to China and humanity.

Under the sub-heading, "Historical Experience of the Party's Endeavors over the Past Century," the document summarizes the Party's historical experience and also highlights its significance for guiding ongoing and future endeavors.

All consulted localities, departments, and sectors agree that this resolution is a political declaration of the Chinese communists' adherence to their original aspiration and founding mission and their commitment to upholding and developing socialism with Chinese characteristics in the new era. It is a guideline for the Party to create a brighter future and achieve national rejuvenation by learning from history.

They also agree that the resolution is imbued with the same spirit as the two previous resolutions on historical issues while also reflecting the spirit of the times. It will inspire the whole Party to strive for greater achievements on the journey ahead.

Over the course of soliciting opinions, we received many valuable comments and suggestions from the localities, departments, and sectors consulted. The drafting group analyzed these opinions and suggestions individually and incorporated as many of them as possible. Following multiple discussions and careful consideration, a total of 547 revisions were made to the preliminary draft. The revised draft therefore fully reflects the input of those consulted.

During the drafting process, the Standing Committee of the Political Bureau met three times and the Political Bureau twice for the purpose of discussing and finalizing the draft. The current draft for your consideration is a product of these meetings.

III. THE GENERAL FRAMEWORK AND MAIN CONTENT OF THE DOCUMENT

In addition to a preamble and a conclusion, the document has seven sections.

1. A Great Victory in the New-Democratic Revolution

This section outlines the major tasks of the Party during the new-democratic revolution period, namely opposing imperialism, feudalism, and bureaucrat-capitalism, seeking national independence and the people's liberation, and creating the fundamental social conditions necessary for realizing national rejuvenation.

This section analyzes the historical background of the founding of the Party, and highlights the revolutionary struggle waged by the people under the Party's leadership as well as the great accomplishments they made in the early days of the Party and during the periods of the Great Revolution, the Agrarian Revolutionary War, the War of Resistance against Japanese Aggression, and the War of Liberation. It also highlights the Party's major achievements, such as establishing Mao Zedong Thought, and initiating and advancing the great project of Party building.

This section emphasizes that the founding of the People's Republic, national independence, and the people's liberation represented China's great transformation from a millennia-old feudal autocracy to a people's democracy. With these accomplishments made through tenacious struggle, the Party and the people showed the world that the Chinese people had stood up and the time in which the Chinese nation could be bullied and abused was gone and would never return. This marked the beginning of a new epoch in China's development.

2. Socialist Revolution and Construction

This section specifies the Party's major tasks during this period, which were to realize the transformation from new democracy to socialism, carry out socialist revolution, promote socialist construction, and lay down the fundamental political conditions and the institutional foundations necessary for national rejuvenation.

It reviews the Party's great achievements during the

period following the founding of the People's Republic of China, in which the Party led the people in surmounting many tough challenges to consolidate the newly-established state power, completing the process of socialist transformation, establishing the socialist system, launching large-scale socialist construction on all fronts, and opening up new horizons for China's diplomacy.

It recaps the efforts of the Party to build up its capacity as the governing party, and summarizes preliminary experience gained in this regard. It gives a rational appraisal of Mao Zedong Thought based on a summary of the creative theories put forward by the Party during this period.

The section also highlights the great achievements the Chinese people made under the Party's leadership, which brought about a great transformation from a poor and backward Eastern country with a large population to a socialist country. With these accomplishments made through tenacious struggle, the Party and the people showed the world that the Chinese people were not only capable of dismantling the old world, but also of building a new one, that only socialism could save China, and that only socialism could develop China.

3. Reform, Opening up, and Socialist Modernization

This section recounts the major tasks of the Party during this period, which were to continue exploring a right path for building socialism in China, unleash and develop the productive forces, lift the people out of poverty and help them become prosperous in the shortest time possible, and fuel the push toward national rejuvenation by providing new, dynamic institutional guarantees as well as the material conditions for rapid development.

This section highlights the great significance of the third plenary session of the 11th CPC Central Committee, and documents the historic contributions made by the Chinese communists with Deng Xiaoping, Jiang Zemin, and Hu Jintao as their chief representatives. It reviews the spectacular progress and resounding success the Party made in this period in leading the people in setting things right in all sectors, developing the theory of socialism with Chinese characteristics, advancing reform, opening up, and socialist modernization, calmly responding to a series of risks and trials related to China's overall reform, development, and stability, promoting national reunification, safeguarding world peace and pursuing common development, and launching and advancing the great new project of Party building.

This section commends the great achievements scored by the Party and the people during this period, which made possible the Chinese nation's tremendous advance from standing up to becoming prosperous. With these accomplishments made through tenacious struggle, the Party and the people showed the world that reform and opening up was a crucial move in making China what it is today, that socialism with Chinese characteristics is the correct road that has led the country toward development and prosperity, and that China has caught up with the times in great strides.

4. A New Era of Socialism with Chinese Characteristics

This section outlines the major tasks of the Party during this period as fulfilling the First Centenary Goal, embarking on the new journey to accomplish the Second Centenary Goal, and continuing striking toward the great goal of national rejuvenation.

This section elaborates on the new era of socialism with Chinese characteristics, which represents a new historical phase in China's development. It reviews the achievements the Party has made in theoretical innovation since its 18th National Congress, and thoroughly analyzes the conditions, risks, and challenges faced by the Party in the new era.

With a focus on the original ideas, transformative practices, new breakthroughs, and landmark accomplishments of the past nine years, the section highlights the great achievements and historic shifts in the cause of the Party and the country in the new era in the following 13 areas:

- upholding the Party's overall leadership;
- exercising full and rigorous self-governance;
- pursuing economic development;

- deepening reform and opening up;
- advancing political work;
- comprehensively advancing law-based governance;
- driving cultural advancement;
- promoting social advancement;
- spurring ecological advancement;
- strengthening national defense and the armed forces;
- safeguarding national security;
- upholding the One Country, Two Systems policy and promoting national reunification; and
- bolstering the diplomatic front.

This section emphasizes that the great achievements the people have made under the Party's leadership during this period provide stronger institutions, firmer material foundations, and a more proactive mindset for realizing national rejuvenation. With these accomplishments made through tenacious struggle, the Party and the people have shown the world that the Chinese nation has achieved the tremendous transformation from standing up and growing prosperous to becoming strong.

5. The Historical Significance of the Party's Endeavors over the Past Century

Based on a thorough review of the Party's major achievements over the past century, this section highlights the historical significance of the Party's endeavors from a broader perspective in the following five respects:

- fundamentally transforming the future of the Chinese people;
- opening up the right path for achieving rejuvenation of the Chinese nation;
- demonstrating the strong vitality of Marxism;
- producing a profound influence on the course of world history; and
- making the CPC a forerunner of the times.

It spells out the CPC's historic contributions to the Chinese people, the Chinese nation, Marxism, the cause of human progress, and the development of Marxist political parties.

This five-point summary is rooted in China's experience, but represents a vision for the future of humanity. It reflects the close bond between the CPC and the Chinese people and nation, and the connections between the CPC and Marxism, world socialism, and the development of human society. It also embodies the historical, theoretical, and practical logic of the Party's endeavors over its century-long history.

6. The Historical Experience from the Party's Endeavors over the Past Century

The historical experience of the Party is of fundamental and far-reaching guiding significance. This section summarizes this experience in 10 aspects:

- upholding the Party's leadership;
- putting the people first;

- advancing theoretical innovation;
- staying independent;
- following the Chinese path;
- maintaining a global vision;
- breaking new ground;
- standing up for ourselves;
- promoting the united front; and
- remaining committed to self-reform.

These 10 points form a systemic, interconnected, and indivisible whole. They are critical to the continued success of the Party and the people. They are the source of the Party's inviolable strength, and are the very reason why the Party has always been able to seize the historical initiative. They are essential for the Party to preserve its advanced nature and integrity and always stand at the forefront of the times.

This section reiterates that the 10 points represent valuable practical experience the Party has gained on its century-long journey and they are intellectual treasures created through the joint efforts of the Party and the people. All of us must cherish them, uphold them over the long term, and continue to enrich and develop them in practice in the new era.

7. The Communist Party of China in the New Era

This section focuses on the Second Centenary Goal of building China into a great modern socialist country in all respects. It calls on all Party members to make unremitting efforts to advance the rejuvenation of the Chinese nation with the determination to never let up until we reach our ultimate goals and the attitude that the last leg of the journey marks the halfway point only.

This section stresses the importance of adhering to the basic theory, guideline, and policy of the Party, and of grounding our work in this new stage of development, applying the new development philosophy, fostering a new pattern of development, and pursuing high-quality development. It calls for coordinated nationwide efforts to make our people prosperous, our nation strong, and our country beautiful.

This section reiterates the need to forever maintain the Party's close ties with the people and the need to better realize, safeguard, and advance the fundamental interests of the overwhelming majority of the people. It reminds us that one may thrive in adversity and perish in laxity, requires us to see things from a long-term, strategic perspective, and always remain mindful of potential dangers, and inspires us to continue advancing the great new project of Party building in the new era. It stresses that we must deliver on the vitally important issue of making sure the cause of the Party and the people is carried forward by future generations.

It calls on the whole Party, the military, and Chinese

people of all ethnic groups to remember the glories and hardships of yesterday, rise to the mission of today, and live up to the great dream of tomorrow. It also calls on us to learn from history, work hard, forge ahead for a better future, and make tireless efforts to realize the Second Centenary Goal and the Chinese Dream of national rejuvenation.

Comrades,

The key task of the present session is to review and adopt the resolution. I hope that in doing so you will act in accordance with the requirements of the Central Committee, and adopt a holistic perspective on the past, the present, and the future of our Party.

I also hope you will carry out in-depth discussions on the draft resolution and come up with constructive ideas and suggestions based on your collective wisdom.

Let us work together to make this session a great success and produce a well-revised version of the resolution.

First Edition 2021

ISBN 978-7-5117-4084-7

Published by
Central Compilation and Translation Press
Foreign Languages Press

Printed in the People's Republic of China

图书在版编目 (CIP) 数据

中国共产党第十九届中央委员会第六次全体会议文件汇编 : 汉英对照 /
中共中央党史和文献研究院等译 . — 北京 : 中央编译出版社 : 外文出版社 , 2021.12
ISBN 978-7-5117-4084-7

Ⅰ . ①中… Ⅱ . ①中… Ⅲ . ①中国共产党十九届六中全会 (2021) —文件—汇编—
汉、英 Ⅳ . ① D220

中国版本图书馆 CIP 数据核字 (2021) 第 248560 号

中国共产党第十九届中央委员会第六次全体会议文件汇编（汉英对照）

出版发行： 中央编译出版社　外文出版社
印　　刷： 北京印刷集团有限责任公司印刷一厂
开　　本： 710 毫米 ×1000 毫米　1/16
版　　次： 2021 年 12 月第 1 版
印　　次： 2021 年 12 月第 1 次印刷
定　　价： 78.00 元